青少年运动技能等级标准与测试方法丛书

STSSL STANDARD TEST OF SPORT SKILL LEVEL ·CN

CSEA CHINA SPORTS EDUCATION ALLIANCE

青少年篮球
运动技能等级标准与测试方法
教学指导用书

全国青少年运动技能等级标准研制组　组编

科 学 出 版 社

北　京

内 容 简 介

本书为《青少年篮球运动技能等级标准与测试方法》教学指导用书，针对各级测试的动作技术关键、易犯错误、教学步骤及学练方法进行介绍，并辅以图片和视频说明，以期能更好地为青少年体育实践服务。

本书可供国家及各级教育主管部门、体育主管部门，各级体育协会、体育院校及中小学校的教师、教练、体育指导员等体育工作者参考、使用。

图书在版编目(CIP)数据

青少年篮球运动技能等级标准与测试方法教学指导用书 / 全国青少年运动技能等级标准研制组组编. — 北京：科学出版社，2021.9
(青少年运动技能等级标准与测试方法丛书)
ISBN 978-7-03-069528-4

Ⅰ. ①青… Ⅱ. ①全… Ⅲ. ①篮球运动－称号等级(体育)－标准－教学参考资料 ②篮球运动－称号等级(体育)－测试方法－教学参考资料 Ⅳ. ①G841

中国版本图书馆CIP数据核字(2021)第160554号

责任编辑：张佳仪 / 责任校对：谭宏宇
责任印制：黄晓鸣 / 封面设计：殷 靓

科学出版社 出版
北京东黄城根北街16号
邮政编码：100717
http : // www. sciencep. com
广东虎彩云印刷有限公司印刷
科学出版社发行 各地新华书店经销

*

2021年9月第 一 版 开本：B5 (720×1000)
2024年10月第八次印刷 印张：5 3/4
字数：110 000

定价：70.00 元

(如有印装质量问题，我社负责调换)

“青少年运动技能等级标准与测试方法”丛书编辑委员会

“青少年运动技能等级标准与测试方法”丛书专家指导委员会

（按姓氏笔画排序）

《青少年篮球运动技能等级标准与测试方法教学指导用书》编辑委员会

第二版丛书序

2018年4月，我国第一套涵盖11个运动项目的“青少年运动技能等级标准与测试方法”（以下简称“标准”）面向社会公开发布。同期，“标准”丛书由科学出版社正式出版。“标准”问世以来，得到了教育部、国家体育总局、上海市教委，以及相关运动项目协会、体育行业职业教学指导委员会的高度肯定和大力支持，对推动青少年的体育发展起到了积极的作用。

截至目前，全国已有16个省（自治区、直辖市）的9000余名体育工作者接受了“标准”考评员培训，已有27个省（自治区、直辖市）的300余家社会机构组织开展了“青少年运动技能等级标准”测评，参加社会化测试的青少年人数近万人，有力推动社会力量对青少年体育发展作出贡献。上海市中小学校自2018年起，将“标准”作为推进学校体育工作的重要抓手，全面开展针对青少年学生的运动技能等级测试，到2019年底共测试中小学生已超过10万人，测试结果对深入了解青少年学生运动技能掌握的实情、发现体育教学中存在的问题提供了有力参考。同时，针对体操、高尔夫球、羽毛球等项目，创新性地开展了比赛与测试相结合的标准等级赛，极大地激发了青少年参与比赛的热情，丰富了比赛的内涵，提升了青少年参与比赛的获得感，产生了良好的社会效益。

2018年12月，“标准”丛书获得了第27届上海市中小学、幼儿园优秀图书二等奖。2019年4月，“标准”丛书被列入上海市中小学、幼儿园图书馆（室）图书配置推荐目录。“标准”部分内容也在2019年被上海市初中教材《体育与健身》采纳，正式作为上海市初中生的体育课程学习内容。

“标准”在国内得到多方认可的同时，也受到了国际同行的关注。2019年4月出版的《青少年软式曲棍球运动技能等级标准与测试方法（中英文版）》得到了国际软式曲棍球联合会和亚洲大洋洲软式曲棍球联合会的认证，成为该项目的国际标准。这为“标准”在世界范围内的传播开了先河，彰显了我国青少年体育发展成果的国际影响力。

首批11个运动项目的“标准”出版后，引起了广大体育同行对青少年体育技能发展问题的关注，并积极投入到新“标准”的研制工作中。目前为止，上海体育学院、成都体育学院、沈阳体育学院、哈尔滨体育学院、南京体育学院、宁波大学、上海理工大学、东华大学等单位积极支持科研人员参与到新“标准”的研制中，先后正式出版了软式曲棍球、健美操、体育舞蹈、艺术体操、空竹、跳绳6个项目的“标准”用书。此外，攀岩、轮滑等10余个新兴和时尚运动项目也已纳入了研制和出版计划。

在首批“标准”的推广应用过程中，部分专家学者及广大使用者对进一步完善“标准”提出了非常宝贵的意见。研制组在对这些意见进行认真梳理和广泛讨论的基础上，决定开展对首批“标准”的完善和升级工作。经过近1年的努力，率先完成了足球、篮球、排球、羽毛球和高尔夫球5个项目的“标准”(第二版)工作。“标准”(第二版)主要有以下一些变化：

一是标齐等级难度。各项目研制组在基于前期测试的基础上，结合专家意见，尽可能标齐了不同项目同一等级的难度，增强了“标准”等级之间的可比性。

二是采用百分制。每一等级测试均采用百分制，提高了“标准”同一等级内的区分度，为中小学校利用“标准”开展学生体育学业评价提供方便。

三是提升测试效率。对部分之前测试较烦琐、耗时较长的科目进行了改进，简化了测试流程，增强了测试简便性，提升了测试效率。

四是提高严谨性。对各项目标准中存在的错误进行修订，对部分测试指标进行调整，并对第一版中的文字、图片和视频进一步完善。

在“标准”投入应用后，广大中小学体育教师、社会体育俱乐部教练对于如何指导青少年学练“标准”各等级测试动作产生了强烈需求。为此，各项目研制组针对各级测试的动作技术关键、易犯错误、教学步骤及学练方法等内容开展了教学指导用书的编写工作，以期“标准”能更好地为青少年体育实践服务。此外，各项目“标准”研制组积极开展人工智能测试工具的研发，为实现全程自动化测试奠定了基础。

不忘初心，方有正确航向。千锤百炼，才能永葆生机。希望通过不断的修订，能够提升“标准”的质量，打造出精品，为青少年的体育发展提供不竭动力。当然，由于研制者学识、能力和水平有限，“标准”丛书可能存在疏漏和不足之处，恳请各项目专家学者和实践应用者提出宝贵意见，以供进一步完善。

陈佩杰　唐　炎

2020年4月15日

第一版丛书序

2017年11月，国家体育总局、教育部、中央文明办、发展改革委、民政部、财政部和共青团中央7部门联合制定出台了《青少年体育活动促进计划》，明确提出"研究建立青少年运动技能等级评定标准"，并要求"各级教育部门应将运动技能等级纳入学生综合素质评价体系"。运动技能水平是衡量个体体育综合能力的关键指标，让青少年掌握1～2项运动技能是国家对青少年体育教育的基本要求。然而，如何客观有效地评判青少年运动技能的掌握水平，我们还缺乏一套行之有效的标准。毋庸讳言，当前运动技能等级标准的缺失已经成为制约青少年体育改革发展的主要因素。这对学校体育与健康课程改革的效果检验和深入推进、青少年体育素养水平评价的实施及社会性青少年体育培训的规范开展都造成了影响。因此，制定一套能展现运动项目特征、反映运动技能进阶规律、科学性强且便于测试的"青少年运动技能等级标准"（以下简称"标准"）已迫在眉睫。

2016年3月，上海体育学院组建了"标准"研制组开展相关工作。经过广泛的专题调研和充分的分析讨论后，研制组确立了四等十二级制的"标准"体系构架，并以"标准"指标能反映运动项目的实际运用能力、能反映个体运动技能水平的变化、能促进青少年运动参与的积极性、能与竞技体育运动等级标准有效衔接为基本思路，依托中国乒乓球学院强大的科研力量，以乒乓球运动技能等级标准的研制为突破口，以点带面地推进研制工作。2017年4月12日，研制组首先发布了《青少年乒乓球运动技能等级标准》（以下简称《乒乓球标准》）。《乒乓球标准》的发布得到了中国乒乓球协会与上海市教委相关领导、乒乓球界多位名宿与专家的高度肯定，国家体育总局官网、新华网、环球网等数十家媒体予以报道。在《乒乓球标准》成功发布的基础上，研制组进一步优化研制思路和路径。又历时1年，经过对9 000余名青少年进行测试和数十轮专家研讨，研制组先后完成了足球、篮球、排球、羽毛球、网球、高尔夫球、田径、体操、游泳、武术10个运动项目的“标准”研制工作。上海市学生体育协会对“标准”高度认可，并采纳其全部内容用于促进青少年学生体育活动的开展工作。同时，“标准”已作为行业主体在上海市质量技术监督局申请为“团体标准”。“标准”的正式出台对于推动青少年体育发展可以起到以下几方面的作用。第一，“标准”的体系构架能够实现普通青少年与精英运动员的运动技能水平评定的衔接，能够为体育管理部门掌握青少年运动技能等级分布情况、规划运动项目发展方向提供支撑。第二，“标准”的指标设计充分考虑到运动项目参与主体的获得感，青少年在每一阶段的进步均能通过等级的进阶得到证明，从而更好地激发和维持青少年积极参与运动的热情。第三，“标准”在对个体参与测试的资格上添加了运动经历的要素，要求被测试者从进入“提高级”的测试开始，必须要具备相应的运动经历才能参与测试。这样的设置突出了“标准”作为评价工具的发展功能，能够避免青少年将技能等级提升与运动实践相割裂的弊端，从而更好地带动青少年积极运动。第四，“标准”指标体系的科学性及测试方法的便捷性能够为学校开展体育技能教学、评定学生体育技能水平提供技术支撑，能够为教育部门开展学生体育素养测评提供科学便捷的工具，更好地实践体育与健康课程的育人价值。第五，“标准”能够为各种青少年体育培训机构的培训质量提供明确的评价依据。当前，青少年体育培训机构虽然蓬勃发展，但也良莠不齐。评价培训质量的指标较多，而青少年运动技能水平的提升程度无疑才是评价培训质量优劣的重要参考。

从提出研制思路到最终成稿，上海市教委都给予了极大的支持与帮助。同时，上海体育学院国家社会科学基金重大项目《中国儿童青少年体育健身大数据平台建设研究》研究团队从项目设计开始，就将“标准”的研制作为主要的研究任务之一，并形成了专门的研究小组进行技术攻关。此外，各运动项目领域的诸多专家及协会、众多中小学学校及社会性体育培训机构也在本“标准”的研制过程中提供了大量帮助。在此，向所有为“标准”的研制工作贡献力量的人员表示衷心的感谢！

受制于学识的限制，“标准”肯定存在着诸多不完善的地方。因此，恳请广大专家学者以及应用“标准”的相关机构、组织及个人不吝赐教，多提宝贵意见，为“标准”的进一步完善提供真知灼见！

陈佩杰　唐　炎

2018年3月12日

目　录

第一章　一级测试

1.1 技术内容分析

1.1.1 基本技术

一级测试的核心技术是行进间单手肩上投篮，投篮技术是进攻技术中最为重要的一项技术。篮球比赛是以得分数来决定胜负的，投篮是得分的唯一手段，防守及其他进攻技术都是为了最终的投篮服务。投篮的动作方法有很多，行进间单手肩上投篮是投篮技术中行进间投篮的一种。

一级测试涉及的技术内容有：持球起动、行进间高运球、行进间投篮脚步和单手肩上投篮。

1.1.2 技术关键

持球起动是指由持球准备的静止状态变为行进间高运球的移动技术。以右手运球为例，将球置于右侧的胸腹之间，右手在上，左手在侧，两脚前后站立，左脚在前、右脚在后，身体重心置于脚前掌，两脚之间的距离以个人习惯为准。起动时身体前倾，脚掌短促有力地蹬地，同时放球。持球起动演示见二维码视频 1-1。

视频 1-1

易犯错误

持球起动时重心高且偏后（图 1-1），左右持球（图 1-2）。

易犯错误

图 1-1　重心错误

图 1-2　左右持球错误演示

视频 1-2

行进间高运球时目视前方，上体略前倾，手指和掌根按压球的后上方，借助手腕力量使球的落点在同侧脚的外侧前方。初学者在跑动时，每运一次球跑两步，运球高度在胸腹之间。行进间高运球演示见二维码视频 1-2。

易犯错误

视频 1-3

行进间高运球时易出现非法运球、翻腕等错误，如二维码视频 1-3 所示。

视频 1-4

视频 1-5

行进间投篮的技术种类繁多，技术动作也比较复杂，先学习的是行进间投篮最常用的脚步。以右手投篮为例，持球同时第一步迈右脚，右脚跨出一大步后，接着左脚跨出一小步，便于控制身体向前的惯性，调整重心，完成接下来向上的起跳。起跳时左脚用力蹬地，右腿屈膝带动身体向上，同时右手准备投篮。行进间投篮可以是运球投篮，也可以是接球投篮。行进间投篮脚步演示见二维码视频 1-4 和视频 1-5。

视频 1-6

单手肩上投篮是最常用的投篮手法。以右手为例，投篮时将球置于右肩上方，五指张开，向后屈腕，左手放在球的左侧保护球。投篮时下肢发力，依靠躯干的核心力量将力传递到上肢。投篮时手臂上伸，压腕用中指、食指拨球，球离手后呈向后旋转的状态飞行。右手单手肩上投篮演示见二维码视频 1-6。

易犯错误

持球手五指没有分开（图 1-3），导致持球不稳，手腕后屈不够。

图 1-3　五指未分开

打板进球的瞄准点通常指 45° 投篮时采用打板进球的瞄准点。以行进间右手高手投篮为例，瞄准点应在篮板上白色方框的右上角范围，当球以合适的力度碰到这个区域时，反弹入框的概率最高。打板进球演示见二维码视频 1-7。

视频 1-7

易犯错误

右手投篮的打板位置没有以图 1-4 中的圆圈为准，出现偏上、下、左、右。

图 1-4　打板瞄准点

1.2 篮球训练中的素质教育

1.2.1 运动员礼仪

运动员是篮球运动的主体，精神层面的礼仪主要体现在比赛过程中呈现的良好形象和精神面貌，如尊重对手、尊重裁判、尊重教练、尊重工作人员以及所有的观众。制度层面的礼仪主要体现在遵守比赛规则和按照赛会要求参加开、闭幕式等礼仪活动。物质层面的礼仪主要体现在穿着符合篮球比赛要求的服装、按赛会要求使用球队标志以及合理使用场地器材。

1.2.2 B：Belief（信念）

现在他们确实比我强，但我相信在不久的将来会打败他们。

——姚明

信念的力量不是让你战无不胜，而是让你坚不可摧。竞技场上很难有人能够始终立于不败之地，但是走到最后的那个人必然有着对胜利最纯粹的渴望，坚定的信念必然牢牢镌刻在他的心里。

1.3 教学建议

学习步骤

原地高运球→行进间高运球→单手肩上投篮→行进间投篮基本脚步→行进间单手肩上投篮

1.3.1 教学与训练

1.3.1.1 左右手原地高运球

• 教学目标：原地左右手均可熟练运球

• 教学重点：手部接触球的部位，手臂随球速上下迎送球的节奏，球的落点，运球高度和身体姿势，左、右手均衡发展

练习一：从任意一侧开始原地高运球

持球手五指张开，身体降低重心，控制好球的落点在体侧，球的反弹高度在胸腹之间，另一只手保护球。练习演示见二维码视频 1-8。

视频 1-8

练习二：大力运球

控制好身体重心，大力按压球之后，注意控制球的反弹力。其他要求与练习一相同。练习演示见二维码视频 1-9。

视频 1-9

练习三：原地双手双球练习

两球可以同时上下，也可以一上一下，但双手用力要均匀。通常，弱侧手会用力不足，所以在练习过程中的注意力应多放在弱侧手。练习演示见二维码视频 1-10。

视频 1-10

小篮球适龄儿童练习

根据小篮球适龄儿童的生长发育特点，在上述练习过程中可以加入游戏竞争元素。

游戏一：两脚不能移动，原地运球次数多的为胜者。

游戏二：运球的过程中，教练通过举手示数、举起不同颜色的标志桶、举起不同的图片来吸引练习者运球的时候抬头，回答最快的为胜者。

1.3.1.2 左右手行进间高运球

- 教学目标：左右手均可完成行进间运球直线跑动技术
- 教学重点：手部接触球的后上方部位，球的落点和高度能合理引领跑动速度，手脚配合协调，左、右手均衡发展

练习一

从底线开始，采用任意手行进间高运球，至中线换手运球到另一边的底线。持球手五指张开，按压球的后上方，比原地运球的力度要稍大，控制好球的落点，高度在胸腹之间。练习演示见二维码视频 1-11。

视频 1-11

练习二

从边线开始，采用任意手行进间高运球至另一边线，脚踩线后，转身换手运回起点。行进间运球的要求与练习一相同，转身换手的时候，转身方向为后转身。练习演示见二维码视频 1-12。

视频 1-12

练习三

从底线开始，采用任意手行进间高运球至罚球线，脚踩线后，转身换手运回起点。行进间高运球的距离较短，要求提高跑动速度和转身速度，换手时，转身方向仍然为后转身。练习演示见二维码视频 1-13。

视频 1-13

小篮球适龄儿童练习

练习者列队 1 ～ 3 报数，确定 1、2、3 分别对应水果类、蔬菜类和动物类，教练强调练习者要记住自己的身份，然后到游戏的起始点准备。如图 1-5 所示，布置游戏开始的阵型和器材的摆放，图中①②③是在底线站成一排的练习者，中圈是随意摆放的篮球。教师随意报出水果、蔬菜或者动物的名称，站在底线的练习者根据自己所对应的身份出发去中圈抢球然后运球回到底线，对第一个回到底线的人做相应的奖励。注意一定要运球回底线，否则视为犯规。跑动路线如图 1-6 所示。

图 1-5　小篮球儿童练习场地示意图

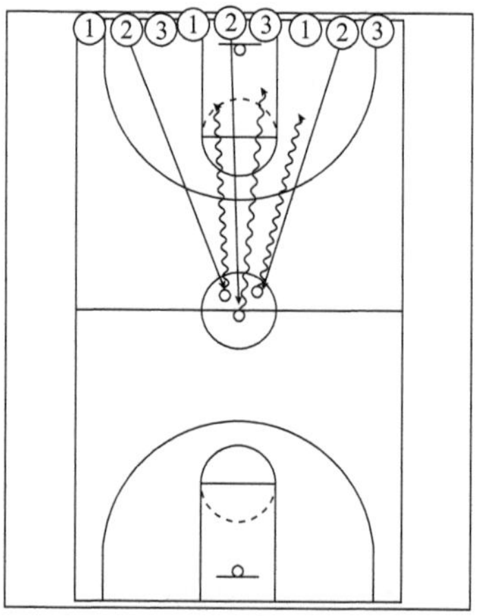

图 1-6　小篮球儿童练习路线图

在抢球和运球回来的过程中不允许故意冲撞对手，阻碍对手的跑动路线。如图 1-7 所示，如果参与人数较多，可以两个底线同时进行。

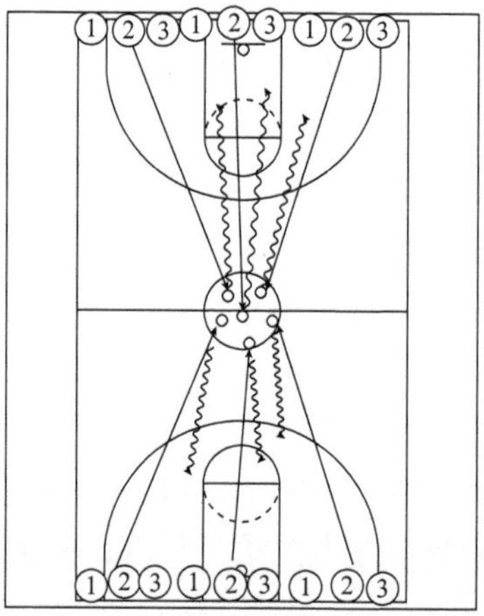

图 1-7　小篮球儿童多人练习路线图

1.3.1.3 右手单手肩上投篮

• 教学目标：熟练掌握篮下 45° 右手单手肩上投篮

• 教学重点：持球手法，屈腕，手指拨球，打板反弹的瞄准点

练习一：对篮板练习右手投篮

持球翻腕于肩上，完成投篮的准备阶段，然后对准高于篮筐水平面的指定篮板位置完成投篮。投篮结束后不要立刻收回投篮手，保持投篮结束的动作，自检投篮手型是否正确。练习演示见二维码视频 1-14。

视频 1-14

练习二：篮下 45° 打板投篮

篮下左右侧 45° 循环练习打板投篮，投篮的动作要求与练习一相同，反复体会打板位置和打板高度。练习演示见二维码视频 1-15。

视频 1-15

小篮球适龄儿童练习

游戏一：以小篮板上的白色方框为瞄准点，练习者在合理冲撞区的弧顶依次投篮，投到方框里的得分，得分多者胜利。

游戏二：将参与者分成两组，参照练习二的方式投篮，击中白色方框但没有投进的得 1 分，投进的得 2 分，得分多的一组胜利。

1.3.1.4 行进间右手投篮基本脚步

• 教学目标：熟练掌握行进间右手投篮的基本脚步

• 教学重点：第一步大、第二步小，左脚用力蹬地控制重心往上跳

练习一：原地持球行进间投篮步法练习

先迈右脚，第一步大，第二步小，控制身体向前的惯性，调整重心完成接下来向上的起跳。练习演示见二维码视频 1-16。

视频 1-16

练习二：原地踏步运球接行进间投篮脚步

听到哨声后迅速调整脚步，起球同时迈出右脚，持球迈右脚之后的动作要求与练习一相同。练习演示见二维码视频 1-17。

视频 1-17

1.3.1.5 行进间右手单手肩上投篮

• 教学目标：熟练掌握行进间右手单手肩上投篮

• 教学重点：单手肩上投篮技术，打板反弹的瞄准点以及右手行进间投篮的基本脚步

练习一：原地踏步运球接行进间投篮

根据自身的步幅大小选择练习的起点，起球的同时迈右脚，第一步大，第二步小，控制身体重心，瞄准打板位置。练习演示见二维码视频 1-18。

视频 1-18

练习二：行进间单手肩上投篮

全身协调用力，保持稳定的行进间运球节奏，起球时调整脚步先迈右

脚，保持身体平衡，瞄准打板位置。左、右两边循环练习。练习演示见二维码视频 1-19。

视频 1-19

小篮球适龄儿童练习

游戏一：将练习者分成两组，参照练习一的方式投篮，行进间投篮技术正确但没有投进的得 1 分，投进的得 2 分，技术动作不正确的不得分，得分多的一组胜利。

游戏二：将练习者分成两组，参照练习二的方式，以小篮板上的白色方框为瞄准点，投到方框里的但没有进球的得 1 分，进球的得 2 分，得分多的一组胜利。

1.3.2 体能学练方法

1.3.2.1 14 米跨步跳

- 教学目标：为行进间投篮的基本脚步提供下肢力量储备
- 教学重点：跨步时的蹬地动作，跨步时控制身体重心

从底线到中场线的距离为 14 米，可从底线开始，也可从中场线开始，尽力蹬跨，以最少的步数完成 14 米跨步跳。建议练习 3 ～ 5 组。练习演示见二维码视频 1-20。

视频 1-20

1.3.2.2 30 秒篮下自投自抢

- 教学目标：提高投篮的肌肉记忆，形成技术动作动力定型
- 教学重点：连续投篮的命中率，疲劳时投篮手型稳定

以 30 秒为限，轮流在篮下的左右两侧 45° 投篮，投进方可换另一侧。可任意选择自己的有利手作为投篮手，投篮时注意全身用力和出手手型。建议练习 3 ～ 5 组。练习演示见二维码视频 1-21。

视频 1-21

1.4 教学评价

1.4.1 行进间运球四线折返

四线为后场罚球线、中场线、前场罚球线和前场底线。如图 1-8 所示，练习者从底线出发，依次踩后场罚球线、中场线、前场罚球线、前场底线，运球往返。可选择任意手完成行进间运球。动作演示见二维码视频 1-22。

视频 1-22

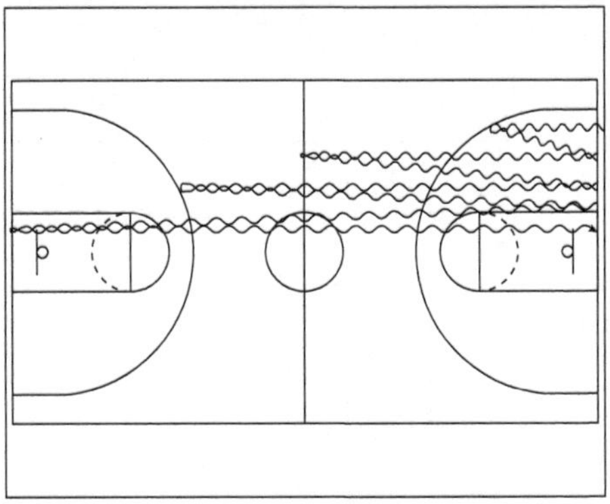

图 1-8　行进间运球四线折返路线图

对行进间运球的跑动速度，行进间运动的连贯性以及运球转身、换手的熟练度 3 个指标进行评价。表 1-1 可用于练习者的阶段性自评，也可用于执教者对练习者的阶段性评价。主要目的是帮助练习者通过对比每个阶段的评价表看到自己的进步和不足之处。

表 1-1　一级测试教学评价表（一）

	得分									
评价指标	1	2	3	4	5	6	7	8	9	10
行进间运球的跑动速度										
行进间运球的连贯性										
运球转身、换手的熟练度										

1.4.2 篮下单手肩上投篮

轮流在篮下的左右两侧 45° 投篮，投篮不进也可换另一侧。可任意选择自己的有利手作为投篮手。建议出手 10 次作为一次测试，主要对投篮的技术动作进行测评。动作演示见二维码视频 1-23。

视频 1-23

对单手肩上投篮的持球、投篮动作的发力顺序和连贯性、投篮瞄准点和打板位置 3 个指标进行评价。表 1-2 可用于练习者的阶段性自评，也可用于执教者对练习者的阶段性评价。主要目的是帮助练习者通过对比每个阶段的评价表看到自己的进步和不足之处。

表 1-2　一级测试教学评价表（二）

	得分									
评价指标	1	2	3	4	5	6	7	8	9	10
单手肩上投篮的持球										
投篮动作的发力顺序和连贯性										
投篮瞄准点和打板位置										

1.4.3 运动技能一级测试

具体测试内容、测试方法和评价标准请参照《青少年篮球运动技能等级标准与测试方法》。

第二章　二级测试

2.1 技术内容分析

2.1.1 基本技术

二级测试的核心技术是行进间左右手高运球和行进间左右手单手肩上投篮。运球技术是篮球比赛中个人进攻的重要技术，是比赛中带球合法的移动方式。它不仅是个人摆脱、吸引、突破防守的进攻手段，也是发动、组织战术配合的重要桥梁。运球的方式有很多，有高运球、低运球、运球急停急起、体前变向变速运球、背后运球、转身运球、胯下运球等。运用不同运球动作的交替组合变化，能使运球更具有突然性、攻击性和实效性。行进间高运球是运球技术中高运球的一种。

二级测试所涉及的技术内容有：持球起动、行进间左右手高运球、行进间左右手投篮脚步和左右手单手肩上投篮。本章主要介绍以左手为例的技术内容，促进左右手脚的均衡发展，同时完善章节内容。行进间右手单手肩上投篮在第一章中已有介绍，故不再重复介绍。

2.1.2 技术关键

持球起动是由持球准备的静止状态变为行进间高运球的移动技术。以左手运球为例，将球置于左侧的胸腹之间，左手在上，右手在侧，两脚前后站立，右脚在前、左脚在后，身体重心置于脚前掌，两脚之间的距离以个人习惯为准。起动时身体前倾，脚掌短促有力地蹬地，同时放球。持球起动演示见二维码视频 2-1。

视频 2-1

行进间高运球时目视前方，上体略前倾，手指和掌根按压球的后上方，借助手腕力量使球的落点在同侧脚的外侧前方。初学者在跑动时，每运一次球跑两步，运球高度在胸腹之间。行进间高运球演示见二维码视频 2-2。

视频 2-2

行进间投篮的种类繁多，技术动作也比较复杂，先学习的是行进间投篮最常用的脚步。以左手投篮为例，持球同时第一步迈左脚，左脚跨出一大步后，接着右脚跨出一小步，便于控制身体向前的惯性，调整重心完成接下来向上的起跳。起跳时右脚用力蹬地，左腿屈膝带动身体向上，同时左手准备投篮。行进间投篮可以是运球投篮，也可以是接球投篮。行进间投篮脚步演示见二维码视频 2-3。

视频 2-3

易犯错误

左手投篮时先迈右脚（图 2-1）。

图 2-1　脚步错误

单手肩上投篮是最常用的投篮手法。以左手为例，投篮时将球置于左肩上方，五指张开，向后屈腕，右手放在球的右侧保护球。投篮时下肢发力，依靠躯干的核心力量将力传递到上肢。投篮时手臂上伸，压腕用中指、食指拨球，球离手后球呈向后旋转的状态飞行。左手单手肩上投篮演示见二维码视频 2-4。

视频 2-4

易犯错误

肘关节过度外展，导致投篮时肩、肘、手腕、手指发力方向不一致（图 2-2）。

易犯错误

图 2-2　发力方向不一致

打板进球的瞄准点通常指 45° 投篮时采用打板进球的瞄准点。以行进间左手高手投篮为例，瞄准点应在篮板上白色方框的左上角范围，当球以合适的力度碰到这个区域时，反弹入框的概率最高。打板进球演示见二维码视频 2-5。

视频 2-5

易犯错误

左右手投篮的打板位置没有以图 2-3 中的圆圈为准，出现偏上、下、左、右。

图 2-3　左右手投篮打板位置

2.2 篮球训练中的素质教育

2.2.1 教练员礼仪

在篮球运动中，教练员担任着一军统帅的角色，特别是在小篮球运动中，教练员是小队员们的篮球启蒙引导者，所以教练员的言语行为和思想态度直接影响着运动员对篮球运动的认知。教练员在训练、比赛中必须要注重个人仪容仪表，规范个人行为举止，塑造高尚人格，语言友善，尊重运动员、裁判员和观众。身为教练员，不但要有带领球队取得胜利的能力，同时还要正确引导球员践行体育精神。

2.2.2 A：Application（努力）

你知道洛杉矶凌晨四点的样子吗？满天星星，寥落的灯光，行人很少。究竟是什么样子，我也不太清楚，但这没有关系。每天早上 4 点，洛杉矶仍然在黑暗中，我就起床行走在黑暗的洛杉矶街道上准备开始练习了。

——科比 · 布莱恩特

对于优秀的篮球运动员而言，天赋和努力往往缺一不可。天赋决定了你的天花板，而努力则决定了你能否达到这块天花板。没有随随便便的成功，你的每一块奖牌都是汗水铸就的。

2.3 教学建议

学习步骤

行进间左右手高运球→左手单手肩上投篮→行进间左手投篮基本脚步→行进间左手单手肩上投篮

2.3.1 教学与训练

2.3.1.1 行进间左右手高运球

- 教学目标：左右手熟练掌握行进间运球直线跑动技术

• 教学重点：手部接触球的后上方部位，球的落点和高度能合理引领跑动速度，手脚配合协调，左、右手均衡发展

练习一：左右手直线变速高运球

从底线开始，采用任意手快速高运球，至罚球线、中线、对侧罚球线时做减速或急停，然后加速直线运球，脚踩线后，迅速转身换手运球，另一只手做同样练习运回起点。往返一次为 1 组，练习 3 ～ 5 组。练习过程中应屈膝、抬头、眼睛平视前方，急停急起时控制好球，快速大力运球。练习演示见二维码视频 2-6。

视频 2-6

练习二：双手双球行进间高运球

从边线开始，双手双球高运球向另一边线直线慢速走，两球同上同下，到边线时转身返回，返回高运球时两球一上一下。可逐渐加快运球速度和行进速度。往返一次为 1 组，练习 3 ～ 5 组。练习过程中应控制好两球的落点，高度在胸腹之间，两球始终在身体的侧前方。练习演示见二维码视频 2-7。

视频 2-7

练习三：双手双球直线行进间变速高运球

从底线开始，双手双球快速高运球，至罚球线、中线、对侧罚球线时做减速或急停，然后加速直线运球，脚踩线后，转身运球，做同样练习，运回起点。在急停急起时快速切换两球上下频率，时而同时上下，时而一上一下。往返一次为 1 组，练习 3 ～ 5 组。练习过程中应左右手协调发力，大力拍球，急停急起时注意拍球部位，其他要求与练习一相同。练习演示见二维码视频 2-8。

视频 2-8

小篮球适龄儿童练习

游戏——“红绿灯”：培养练习者的安全意识，锻炼眼、手、脚的协调能力，养成在运球时抬头观察的良好习惯。如图 2-4 所示，练习者在底线一字排开，教练准备红色、黄色、绿色三种颜色的标识物，面对练习者放置在中线处。练习者原地高运球抬头看教练做好准备，按照教练从地上拿起标识物的颜色做出相应的动作。黄色表示停止前进原地运球等待，红色表示停止前进双球持球做准备姿势，绿色表示运球向前。动作错误或掉球的练习者将回到底线重新出发，先到达中线的练习者为胜者。

注意：运球不能违例，教师拿起黄色和红色标识物时不能再继续往前，否则回到底线重新出发。练习者在游戏过程中不能妨碍其他人，不能阻碍对手的跑动路线。如果参与人数较多可以边线进行，线路图如图 2-5 所示。

图 2-4 “红绿灯”场地示意图

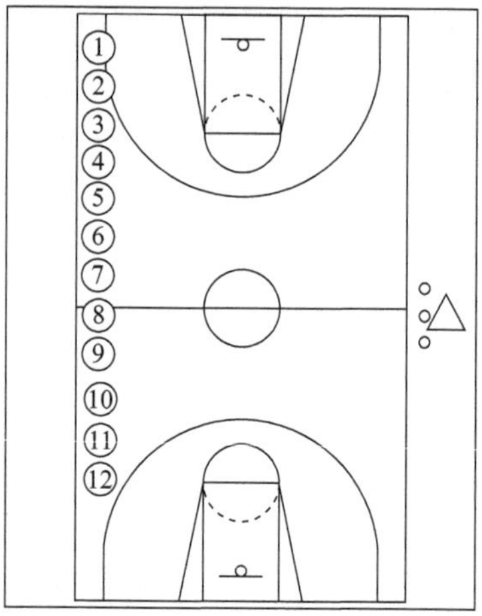

图 2-5 多人“红绿灯”场地示意图

2.3.1.2 左手单手肩上投篮

- 教学目标：篮下 45° 左手单手肩上投篮，强化左手单手肩上投篮技术
- 教学重点：持球手法，屈腕，手指拨球，打板反弹的瞄准点

练习一：原地左手投篮基本功练习

先进行原地徒手左手投篮动作模仿练习，反复徒手模仿整个投篮动作，从不跳起投篮到跳起投篮循序渐进地练习。再进行原地左手投篮动作模仿练习，反复进行有球模仿整个投篮动作，从不跳起投篮到跳起投篮循序渐进地练习。可对着镜子观察不同角度练习情况，不限次数，直到动作准确，全身发力协调。练习过程中应注意投篮的动作舒展，球出手时手的跟随动作；还应注意投篮时肘部伸展的角度，整个投篮动作全身协调发力。练习演示见二维码视频 2-9。

视频 2-9

练习二：打篮板左手投篮练习

（1）对篮板练习左手投篮：持球翻腕于肩上，完成投篮的准备阶段，然后身体正对篮板，对准高于篮筐水平面的指定篮板位置完成投篮。投篮结束后不要立刻收回投篮手，保持投篮结束的动作，自检投篮手型是否正确。练习演示见二维码视频 2-10。

视频 2-10

（2）篮下 45° 打板左手投篮：进行篮下左右侧 45° 打板左手投篮循环练习，投篮的动作要求与练习一相同，反复体会打板位置和打板高度。练习演示见二维码视频 2-11。

视频 2-11

小篮球适龄儿童练习

游戏一：将练习者分成两组，参照篮下 45° 打板投篮的方式。如图 2-6

所示，在 45° 限制区两边各放置 2 个圆圈，练习者抱球依次排队进行双脚跳圈，然后投篮，练习者先在左边 45° 限制区进行 3 分钟投篮，然后换到右边同样进行 3 分钟投篮，投进的得分，得分多的一组获胜。

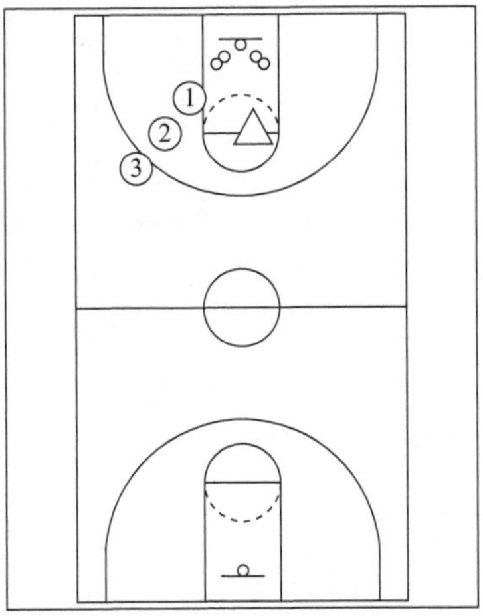

图 2-6　45° 限制区投篮场地示意图

游戏二：将练习者分为两组，参照游戏一，打板投篮击中白色方框但没有进球的得 1 分，进球的得 2 分，得分多的一组胜利。

2.3.1.3 行进间左手投篮基本脚步

• 教学目标：熟练掌握行进间左手投篮的基本脚步，强化行进间左右手投篮的基本脚步

• 教学重点：第一步大、第二步小，右脚用力蹬地控制重心往上跳

练习一：原地投篮脚步

原地屈膝降重心做好准备姿势，等待教练哨声，哨响的同时练习者迈出左脚第一步，然后右脚向上起跳，之后继续做好准备姿势。向前抛球，当球弹起时向前跨步接球，接球的同时迈左脚第一步，接着右脚起跳并将球举过头顶。注意先迈左脚，第一步大、第二步小，控制身体向前的惯性，调整重心完成接下来向上的起跳（可以简化为“一大二小三向上”）。练习演示见二维码视频 2-12。

视频 2-12

练习二：行进间投篮脚步

可先练习徒手慢跑行进间投篮脚步，练习者向前慢跑，听到哨响的同时，第一步迈左脚，第二步右脚向上起跳，接着继续向前跑，重复此过程；然后练习慢速运球投篮脚步，向前慢速运球的过程中调整脚步合球，先迈左

脚，然后右脚起跳并将球举起，听到哨声后迅速调整脚步，起球同时迈出左脚，持球（合球）迈左脚之后的动作要求与练习一相同。练习演示见二维码视频 2-13。

视频 2-13

小篮球适龄儿童练习

游戏一：如图 2-7 所示，在左侧限制区附近放置 2 个圆圈，圆圈大小和两圈之间的距离要合适，将练习者分成两组，参照练习二进行行进间左手投篮脚步练习，脚步正确的得分，得分多的组获胜。

游戏二：如图 2-8 所示，让练习者成一列长队踩着边线，双手拿着乒乓球围着篮球场慢跑，练习者之间间隔三米，游戏一中得分高的学生站在队伍前面，学生一边慢跑一边大喊“一大二小三向上”，当听到哨声时做练习二的投篮脚步动作并将乒乓球向上投出，投出后将球接住再继续听口令出发。教练要鼓励练习者看谁跳得高和把球向上抛得高。

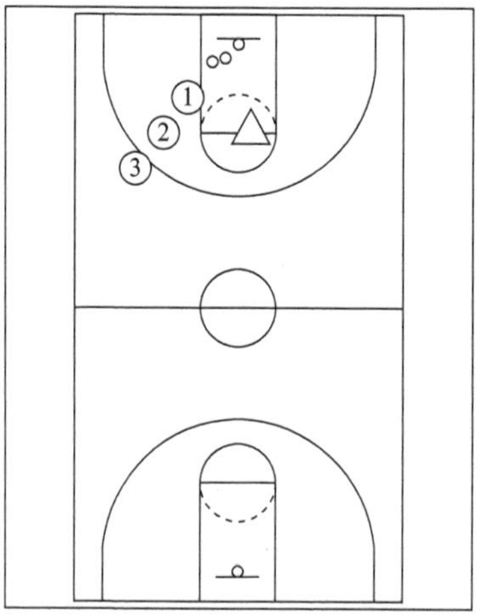

图 2-7　游戏一场地示意图

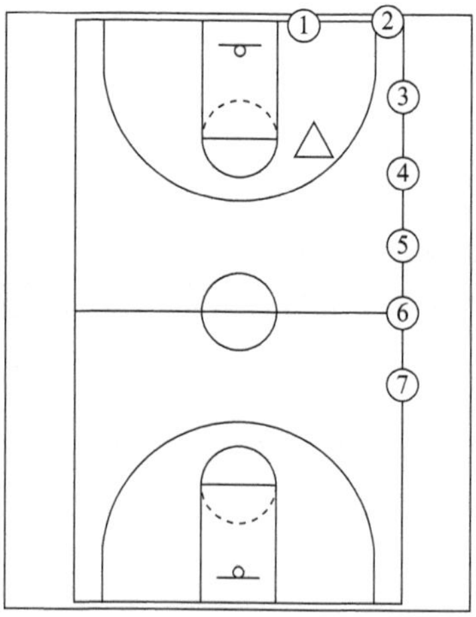

图 2-8　游戏二场地示意图

2.3.1.4 行进间左手单手肩上投篮

• 教学目标：熟练掌握行进间左手投篮，强化行进间左右手单手肩上投篮技术

• 教学重点：单手肩上投篮技术，打板反弹的瞄准点，行进间左手投篮的基本脚步

练习一：抛接球投篮练习

向前抛球，当球弹起时向前跨步接球，接球的同时迈左脚，接着迈右脚起跳的同时举球投篮。根据自身的步幅大小选择练习的起点，起球的同时迈右脚，第一步大、第二步小，控制身体重心，瞄准打板位置。练习演示见二

维码视频 2-14。

练习二：两边行进间左手投篮练习

先两边行进间左手单手肩上投篮练习，接着强化两边行进间左右手单手肩上投篮练习。全身协调用力，保持稳定的行进间运球节奏。起球时调整脚步，先迈左脚，保持身体平衡，瞄准打板位置，左右两边循环练习。练习演示见二维码视频 2-15。

视频 2-14

小篮球适龄儿童练习

游戏一：如图 2-9 所示，将练习者分成两组，在限制区附近放置 2 个圆圈，圆圈的大小和距离要合适，参照练习二的方式投篮，要求练习者跨步进行投篮，投进的得分，得分多的一组获胜。

视频 2-15

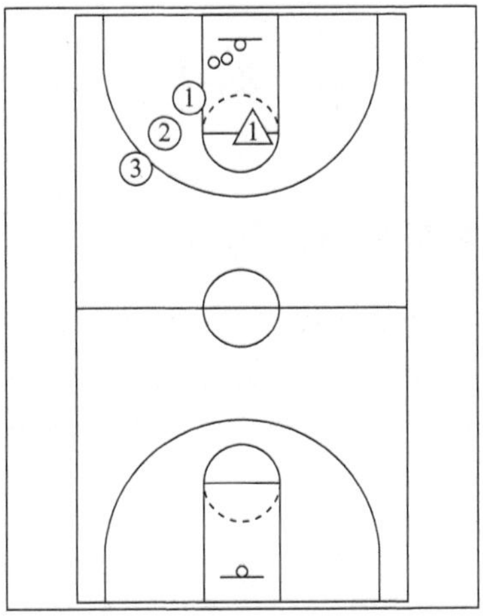

图 2-9　游戏一场地示意图

游戏二：将练习者分成两组，参照练习二的方式，以小篮板上的白色方框为瞄准点，击中方框但没有进球的得 1 分，进球的得 2 分，得分多的一组胜利。

2.3.2 体能学练方法

2.3.2.1 全场 4 ～ 7 次高运球冲刺跑

- 教学目标：提高高运球向前推进的速度和高速运球时的控球能力
- 教学重点：向前推进时拍球部位要准确，保证高速运球状态下对球的控制

练习不同运球次数的高运球冲刺跑完全场，冲刺跑速度尽可能快的同时

要注意球的落点。往返一次为 1 组，建议练习 3 ～ 5 组。练习演示见二维码视频 2-16。

2.3.2.2 半场双手持球单腿跳

• 教学目标：提高下肢肌肉爆发力和核心力量稳定性，为高质量的行进间单手肩上投篮打下基础

• 教学重点：提高行进间单手肩上投篮命中率，保证疲劳时下肢向上起跳的高度

视频 2-16

先进行单腿跳，屈膝落地后稳定 3 ～ 5 秒再进行下一次单腿跳。左、右腿各一次为 1 组，建议练习 3 ～ 5 组。练习演示见二维码视频 2-17。

2.4 教学评价

视频 2-17

2.4.1 行进间左右手运球四线折返

如图 2-10 所示，练习者从底线出发，依次踩后场罚球线、中场线、前场罚球线、前场底线，运球往返。可选择任意手开始行进间运球，但返回的必须是不同手，如右手运球从底线出发，返回时必须左手运球。动作演示见二维码视频 2-18。

视频 2-18

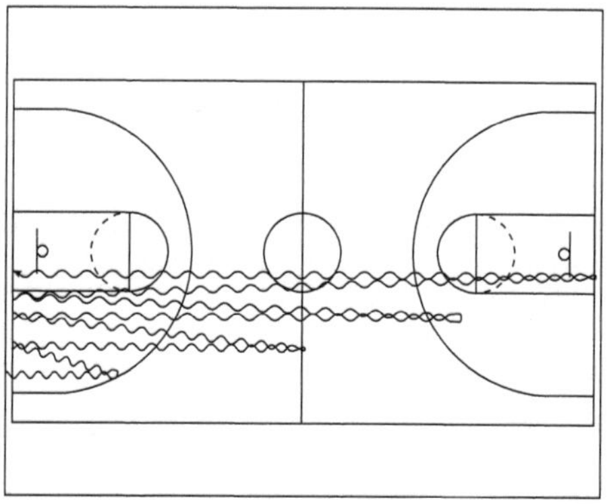

图 2-10　行进间左右手运球四线折返路线图

对行进间左右手运球的跑动速度、连贯性，运球转身、换手的熟练度及一系列动作的连贯性和速度 4 个指标进行评价。表 2-1 可用于练习者的阶段性自评，也可用于执教者对练习者的阶段性评价。主要目的是帮助练习者通过对比每个阶段的评价表看到自己的进步和不足之处。

表 2-1 二级测试教学评价表（一）

	得分									
评价指标	1	2	3	4	5	6	7	8	9	10
行进间左右手运球的跑动速度										
行进间左右手运球的连贯性										
运球转身、换手的熟练度										
一系列动作的连贯性和速度										

2.4.2 篮下单手肩上投篮

轮流在篮下的左右两侧 45° 投篮，在左侧时必须用左手，在右侧时必须用右手，投篮不进也可换另一侧。建议出手 10 次作为一次测试，主要对左右手投篮的技术动作进行测评。动作演示见二维码视频 2-19。

视频 2-19

对左右手单手肩上投篮的持球手型、投篮动作的发力顺序和连贯性、投篮瞄准点和打板位置及一系列动作的连贯性和速度 4 个指标进行评价。表 2-2 可用于练习者的阶段性自评，也可用于执教者对练习者的阶段性评价。主要目的是帮助练习者通过对比每个阶段的评价表看到自己的进步和不足之处。

表 2-2 二级测试教学评价表（二）

	得分									
评价指标	1	2	3	4	5	6	7	8	9	10
左右手单手肩上投篮的持球手型										
投篮动作的发力顺序和连贯性										
投篮瞄准点和打板位置										
一系列动作的连贯性和速度										

2.4.3 运动技能二级测试

具体测试内容、测试方法和评价标准请参照《青少年篮球运动技能等级标准与测试方法》。

第三章　三级测试

3.1 技术内容分析

3.1.1 三级测试的基本技术

三级测试的核心技术是左右手运球体前变向突破和行进间投篮。进攻队员在受到对手紧逼或抢阻时，常采用改变运球高度和运球节奏，变换方向等方式保护球或摆脱防守。体前变向换手运球是运球突破的一种，即在运球突破对手时，突然压低运球高度，然后向左或向右改变运球方向，借此摆脱防守的一种运球突破技术。

三级测试所涉及的技术内容有：行进间左右手高、低转换运球、跨步急停、体前变向运球突破、行进间单手肩上投篮。

3.1.2 技术关键

低运球时，两腿应迅速弯曲，重心降低，躯干挺直稍前倾，短促地按拍球的上方，使球的落点在体侧，并将运球高度控制在膝关节以下，目视前方，非运球手可置于身体前侧胸部高度，以保护球。动作演示见二维码视频3-1。

视频 3-1

易犯错误

运球时没有屈膝降低重心，低头运球（图 3-1）。

易犯错误

图 3-1 低头运球错误演示

三威胁姿势是球员在接到球之后摆出的最合理的进攻姿势。三威胁指投篮威胁、传球威胁和持球突破威胁。动作演示见二维码视频 3-2。

视频 3-2

跨步急停是快速跑动中通过跨步完成急停的移动技术之一。在运球急停时先跨出一步，全脚掌用力蹬地缓冲，第二步时落地脚脚前掌内转，降低重心完成急停。在接球急停时，接球瞬间先向前跨出一步，用全脚掌蹬地缓冲，迅速屈膝，第二步时调整重心完成急停。动作演示见二维码视频 3-3。

视频 3-3

体前变向换手运球突破由于变换运球手，通常要结合变向与变速。以右手变至左手为例，右手运球，按拍球的右后上方，快速变换运球方向，呈“V”形改变方向，同时上身向左转体，右肩下压，右脚向左前方跨一大步，左手接反弹至左侧的球，向前下方按拍球，左脚蹬地加速推进。动作演示见二维码视频 3-4。

视频 3-4

易犯错误

如二维码视频 3-5 所示，高、低运球变化不明显，变向时距离过大。

视频 3-5

3.2 篮球训练中的素质教育

3.2.1 裁判员礼仪

裁判员礼仪主要体现在比赛过程中的言行举止，如与教练员和运动员交流的时候使用礼貌用语、比赛中使用规范的专业术语等。在比赛过程中裁判员要表现出应有的职业素养，如判罚手势规范、判罚准确，对比赛时运动员和教练员提出的疑问，在不影响比赛流畅性的前提下，用简洁的语言予以解释，必要的情况下可以在赛后耐心地向运动员解释篮球比赛规则。裁判员的正确引导和示范能够使球员更加了解篮球运动。

3.2.2 S：Selfless（无私）

得分可以让一个人很快乐，但助攻可以让两个人很快乐。

——埃尔文·约翰逊

你是否相信你的队友，是否愿意将你的后背交给你的队友，在一定程度上决定了一场比赛的输赢。篮球是一项集体项目，它呼吁的、赞美的，从来都不是个人英雄主义，而是毫不迟疑的信任和毫无保留的奉献。携手与共才能走得更远、飞得更高。

3.3 教学建议

学习步骤

原地低运球→行进间高、低运球转换→原地体前变向换手运球→行进间体前变向

3.3.1 教学与训练

3.3.1.1 原地左右手低运球

• 教学目标：原地左右手均可熟练运球

• 教学重点：手部接触球的部位，手臂随球速上下迎送球的节奏，球的落点，运球高度和身体姿势，左、右手均衡发展

练习一：原地单手低运球

运球手五指张开，降低重心，控制好球的落点在体侧，球的反弹高度在膝盖以下，另一只手保护球。左、右手均衡发展。如果在练习过程中发现有强弱手的现象，应加强弱侧手训练，最终达到左右手都能熟练控制篮球的目的。练习演示见二维码视频 3-6。

视频 3-6

练习二：原地双手双球练习

两球可以同时上下，也可以交替上下，但双手用力要均匀。通常，弱侧手会用力不足，所以在练习过程中注意力多放在弱侧手。练习演示见二维码视频 3-7。

视频 3-7

小篮球适龄儿童练习：游戏——“捕鱼达人”

锻炼练习者低运球能力、反应力和手眼协调能力。如图 3-2 所示，练习者一只手做低运球，另一只手持锥桶，教练在其对面 3 ～ 5 m 处滚出网球，学生用锥桶将网球套住即成功捕鱼。

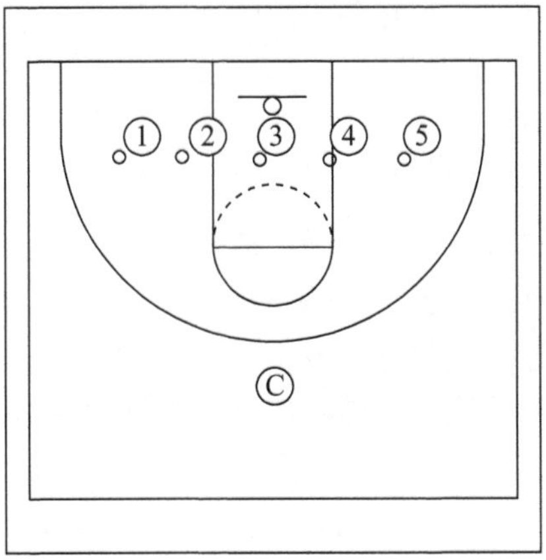

图 3-2 “捕鱼达人”场地示意图

3.3.1.2 跨步急停

- 教学目标：掌握运球跨步急停和接球跨步急停技术
- 教学重点：急停时前脚掌内旋，控制身体、降低重心

练习一：徒手跨步急停

直线跨步急停时，向前跨步，急停后两脚前后站立，降重心保持身体平衡；折线跨步急停时，向侧前方跨步，急停后两脚平行站立，降重心保持身体平衡。练习演示见二维码视频 3-8。

视频 3-8

小篮球适龄儿童练习

游戏一——“红灯停绿灯行”：持球从底线开始，教练喊绿灯表示可以持球跑，喊红灯表示持球急停，喊黄灯表示原地低运球，三种口令交替进行。

游戏二——“我们都是木头人”：持球从底线开始向前慢跑，教练喊“木头人”的时候，抛球后接球并向侧前方跨步完成跨步急停，控制重心，保持三威胁姿势不动。

3.3.1.3 行进间左右手高、低运球转换

• 教学目标：掌握从快速推进运球转换为控制性低运球

• 教学重点：手部接触球的后上方部位，球的落点和高度能合理引领跑动速度，保持两脚之间的合适距离，屈膝降低重心

练习一：双手高、低运球组合

视频 3-9

双球双手高运球，然后马上转换为低运球，重复练习。熟练之后逐渐减少运球次数，直至高、低运球各一次进行转换。高运球转换低运球时应控制好球的节奏。练习演示见二维码视频 3-9。

练习二：行进间高、低运球转换

视频 3-10

高运球时加速跑，运用跨步急停转换为低运球，运球时手指、手腕要用力，球的高度不要超过膝盖，屈膝降低重心，抬头向前看，另一只手保护球。练习演示见二维码视频 3-10。

小篮球适龄儿童练习：游戏——“砍树与种树”

该练习能够提高练习者行进间高低运球结合能力。如图 3-3 所示，准备 8 个水瓶，放置成 2 排。从起点出发，将水瓶放倒为“砍树”，返回时将水瓶扶起为“种树”。两组练习者同时出发，看谁的速度快。

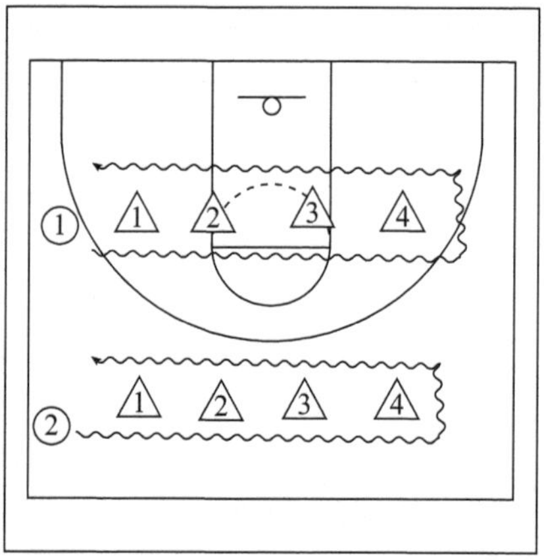

图 3-3 “砍树与种树”场地示意图

3.3.1.4 原地体前变向

• 教学目标：掌握体前变向换手运球技术和对球的控制能力

• 教学重点：手部接触球的侧上方部位，球的落点和高度合理，左、右手发展均衡

练习一：原地体前变向换手运球练习

横跨边线站立，重心降低做连续的体前变向换手运球练习。身体重心要低，不能有起伏。练习演示见二维码视频 3-11。

视频 3-11

练习二：原地体前变向换手触地运球练习

与上个练习方法类似，一手做体前变向运球的同时，另一只手触摸一次地面。运球速度可以逐渐加快。练习演示见二维码视频 3-12。

视频 3-12

小篮球适龄儿童练习：体前变向换手运球猜拳

提高体前变向换手运球能力和协调性。如图 3-4 所示，2 名球员面对面站立，双脚打开与肩同宽，膝盖弯曲。两人同时开始，一手拍球一手猜拳，接着做体前变向换手运球，重复 5 次。

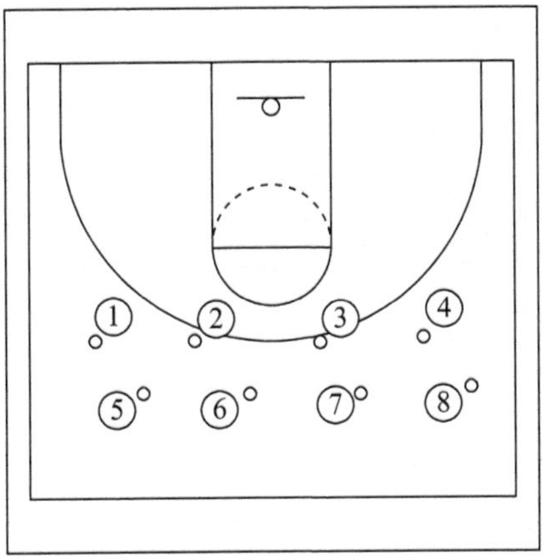

图 3-4　体前变向换手运球猜拳场地示意图

3.3.1.5 行进间体前变向换手运球

• 教学目标：掌握体前变向换手运球技术和对球的控制能力

• 教学重点：手部接触球的侧上方部位，球的落点和高度合理，左、右手发展均衡

练习一：“Z”形行进间体前变向换手运球练习

将若干标志桶在地上呈“Z”形摆放，球员持球从第一个标志桶前开始做体前变向运球，换手运球至下一个标志桶前做体前变向运球，依次绕过所有标志桶。变向时要降低重心，转体探肩，蹬跨快速有力。练习演示见二维码视频 3-13。

视频 3-13

练习二：半场体前变向运球上篮

队员分为两组，位于中场线两侧。两边的第一个持球人运球至标志桶处，

视频 3-14

做体前变向换手运球后突破上篮后，拿篮板将球传给对侧第二名球员，对侧第二名球员接球后，运球至标志桶处，做体前变向换手运球后突破上篮后，顺势接球后上篮结束拿篮板，重复之前的轮转。练习演示见二维码视频 3-14。

小篮球适龄儿童练习：变向运球穿越丛林

提高练习者的行进间变向运球技术，发展运球时手、脚、眼的协调能力。如图 3-5 所示，把练习者分为人数相等的两队，成两路纵队站于两边线内，每两人间隔约 1.5 米，排头持球。排头运球依次突破自己的队友，至突破完最后一名队友后，传球给第二位同学，自己站在队尾。以此类推，先轮完的队伍获胜。

图 3-5　变向运球穿越丛林路线图

3.3.2 体能学练方法

3.3.2.1 双球平板支撑

- 教学目标：提升上肢力量和核心力量
- 教学重点：在不稳定的环境下依靠核心力量和上肢力量控制身体平衡

练习者双手支撑于双球上，进行平板支撑；小篮球适龄儿童可以降低难度，直接在地板上完成支撑练习。平板支撑保持 40 ～ 60 秒为 1 组，练习 3 ～ 5 组。练习演示见二维码视频 3-15。

视频 3-15

3.3.2.2 五点连续上篮

- 教学目标：提高球员在体力即将耗尽的情况下完成上篮的能力
- 教学重点：提高连续上篮的命中率，保证疲劳时上篮动作稳定

练习者以最快的速度完成五点连续上篮，练习 3 ～ 5 组。练习演示见二维码视频 3-16。

视频 3-16

3.4 教学评价

3.4.1 全场左右手体前变向

如图 3-6 所示，测试队员持球站于右侧底角，测试开始时，测试者迅速出发用左手运球至 1 号障碍物完成体前变向，换右手运球到 2 号障碍物完成体前变向，再换左手运球到 3 号障碍物完成体前变向，最后换右手运球到底角结束。

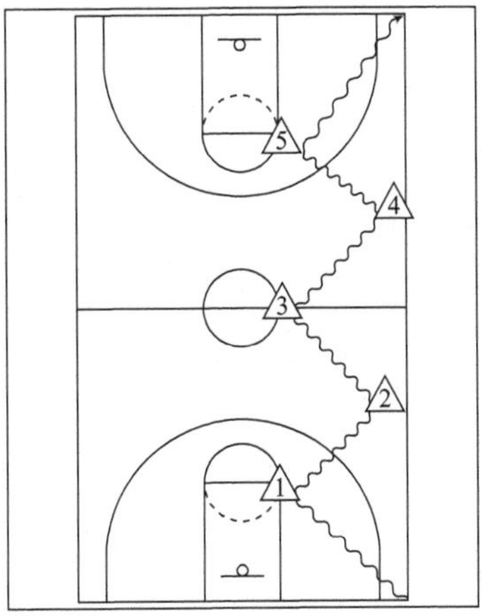

图 3-6　全场左右手体前变向路线图

对行进间运球跑动左右手的均衡，高低运球的转换流畅，跨步急停、急起动作的连贯性，体前变向突破技术动作的规范性及一系列动作的连贯性和速度 5 个指标进行评价。表 3-1 可用于练习者的阶段性自评，也可用于执教者对练习者的阶段性评价。主要目的是帮助练习者通过对比每个阶段的评价表看到自己的进步和不足之处。

表 3-1　三级测试教学评价表

	得分									
评价指标	1	2	3	4	5	6	7	8	9	10
行进间运球跑动左右手均衡										
高低运球的转换流畅										

续表

	得分									
评价指标	1	2	3	4	5	6	7	8	9	10
跨步急停、急起动作的连贯性										
体前变向突破技术动作的规范性										
一系列动作的连贯性和速度										

3.4.2 运动技能三级测试

具体测试内容、测试方法和评价标准请参照《青少年篮球运动技能等级标准与测试方法》。

第四章　四级测试

4.1 技术内容分析

4.1.1 四级测试的基本技术

四级测试的核心技术是运球背后变向突破、运球胯下变向突破和行进间单手低手投篮。背后和胯下变向是在体前变向的基础上延伸出的两种变向运球，其优点是能够更好地借助身体来保护球，比起体前变向，这两种变向的位置离防守人更远。行进间单手低手投篮通常用于快攻或者突破过程中快速运球超越对手后在篮下的一种投篮方法，与行进间单手肩上投篮一样，是投篮技术中行进间投篮的一种。

四级测试所涉及的技术内容有：背后变向运球、胯下变向运球、行进间单手低手投篮。

4.1.2 技术关键

背后变向运球是球从身后改变方向的一种运球突破技术。以右手为例，变向时先用右手将球拉倒身体的右后侧，然后迅速按拍球的右后侧将球改变方向到左脚侧前方，并立刻用左手接着继续运球，同时右脚向左前方跨步加速起动。动作演示见二维码视频 4-1。

视频 4-1

易犯错误

变向时顶胯（图 4-1）、变向时翻腕（图 4-2）。

易犯错误

图 4-1　顶胯错误演示

图 4-2　翻腕错误演示

视频 4-2

跨下变向运球是球从胯下改变方向的一种运球突破技术。以右手为例，变向时左脚在前，右手按拍球的右侧使球通过胯下变向到左边，然后迅速用左手接着继续运球，同时右脚向左前方跨步加速起动。动作演示见二维码视频 4-2。

易犯错误

变向时没有降重心（图 4-3）。

图 4-3　未降重心错误演示

行进间单手低手投篮是比赛中快攻和突破到篮下时最常用的投篮手法。投篮时手心向上，将球置于掌心，五指张开托住球。以右手为例，最后一步起跳投篮的时候，右手臂充分向篮筐方向伸直，出手时屈腕上挑，食指和中指拨球后离手，离手后球呈向前旋转的状态飞行。投篮脚步和瞄准点与行进间单手肩上投篮相同。动作演示见二维码视频 4-3。

视频 4-3

易犯错误

持球手五指没有分开，导致持球不稳（图 4-4）；投篮出手时手臂弯曲（图 4-5）；投篮时出手点过低（图 4-6）。

图 4-4　五指未分开

图 4-5　手臂弯曲错误演示

图 4-6　出手低

4.2 篮球训练中的素质教育

4.2.1 赛会工作人员礼仪

赛会工作人员礼仪主要体现在赛事中的仪容仪表干净整洁，穿着赛会指定的工作人员服装。指定服装能够提高身份的辨识度，使参加比赛的各方能够快速找到工作人员进行相关询问。赛会工作人员服务主动、积极热情，使用礼貌用语，在应对询问的时候语言简洁清晰，仪态优雅、大方、和谐、自然；比赛期间不随意离岗、串岗，在指定位置各司其职，完成工作任务。

4.2.2 K：Keeping（坚持）

我可以接受失败，但无法接受放弃。

——乔丹

安西教练说："不要轻言放弃，一旦放弃了，比赛就结束了。"但坚持二字，谈何容易。即便心之所爱，但训练的枯燥、比赛的残酷又岂是一般心智可以承载。人们常说坚持是这世上最难的事情，但坚持到最后的人必将看到别人未曾领略的精彩。你看那赛场上的英姿勃发，不就是坚持最好的注解。在篮球运动中学会的坚持，会让你在任何事情上都有所收获。

4.3 教学建议

学习步骤

行进间单手低手投篮→腰绕环→背后变向运球低手投篮→胯下绕环→胯下变向运球低手投篮

4.3.1 教学与训练

4.3.1.1 行进间左右手单手低手投篮

• 教学目标：掌握行进间左右手单手低手投篮技术

• 教学重点：单手低手投篮技术，打板反弹的瞄准点，利用跨步的惯性送球出手

视频 4-4

练习一：篮下 45° 跨步低手打板投篮

篮下左右侧 45° 循环练习，投篮时掌心向上，出手时手指拨球，球向前旋转飞行至篮筐方向。反复体会打板位置和打板高度。练习演示见二维码视频 4-4。

视频 4-5

练习二：左右两边行进间单手低手投篮

全身协调用力，保持稳定的行进间运球节奏，起球时调整脚步保持身体平衡，瞄准打板位置。左右两边循环练习。练习演示见二维码视频 4-5。

4.3.1.2 原地腰绕环

• 教学目标：掌握左右两边连续腰绕环，为背后运球变向打基础

• 教学重点：利用球的惯性快速在躯干部位绕环，绕环过程中送接球的速度要快，绕环时躯干活动的幅度尽量小，左、右手均衡发展

练习一：从任意一侧开始腰绕环

五指张开，两脚与肩同宽，保持重心稳定。绕环时手部的送接速度要

快，控制好球的惯性。左、右两侧均衡发展。练习演示见二维码视频 4-6。

视频 4-6

练习二：颈部、腰部、膝部连续绕环

从颈部开始，行进间由上至下、再由下至上连续围绕颈部、腰部和膝关节进行绕环，其他要求与练习一相同。练习演示见二维码视频 4-7。

视频 4-7

4.3.1.3 背后变向运球低手投篮

- 教学目标：左右手均可行进间背后变向运球跑篮
- 教学重点：变向前将球拉到身体侧后方，变向时手部接触球的侧后部位，球的落点和高度能合理引领跑动速度，手脚协调配合，左、右手均衡发展

练习一：背后变向运球分解练习

选择任意一侧开始原地运球，运球位置靠身体的侧后方，运球调整之后背后变向，另一只手接球继续原地运球，调整好之后再次背后变向，原地连续进行。五指张开，在身体的侧后方原地运球时，保持降重心的身体姿势，变向时按压球的侧后部位，控制好球的落点。每一次原地运球调整好之后再变向，逐渐减少调整运球的次数，最终完成原地连续背后变向运球。练习演示见二维码视频 4-8。

视频 4-8

练习二：“Z”形行进间背后变向运球

从底线开始，“Z”形任意摆放若干障碍物，在每个障碍物前完成背后变向运球。行进间背后运球的要求与练习一相同，先从较慢的速度开始练习，逐渐加快速度，减少运球调整的时间，最终达到快速背后运球突破的要求。练习演示见二维码视频 4-9。

视频 4-9

练习三：半场“V”形背后变向运球跑篮

从中线开始，在 45° 的三分线附近完成背后运球变向，然后行进间低手投篮。右侧用左手出发，行进间运球到障碍物变向后，右手运球完成低手投篮。左侧用右手出发，行进间运球到障碍物变向后，左手运球完成低手投篮。左、右两侧均衡发展。练习演示见二维码视频 4-10。

视频 4-10

4.3.1.4 原地胯下绕环

- 教学目标：掌握左右两侧连续胯下绕环，为胯下运球变向打好基础
- 教学重点：利用球的惯性快速进行胯下绕环，绕环过程中送接球的速度要快，绕环时保持身体重心稳定，左、右手均衡发展

练习一：原地两脚平行站立胯下绕环

两脚平行站立，宽于肩，降低重心。绕环时手部的送接速度要快，控制好球的惯性。左右两侧、前后方向均衡发展。练习演示见二维码视频 4-11。

视频 4-11

练习二：行进间连续胯下绕环

从任意一侧开始行进间胯下绕环，先由内而外连续绕环，再由外而内连续绕环，其他要求与练习一相同。练习演示见二维码视频 4-12。

视频 4-12

4.3.1.5 胯下变向运球低手投篮

• 教学目标：左右手均可行进间胯下变向运球跑篮

• 教学重点：变向时手部接触球的侧面，球通过胯下的运行轨迹是“V”形，球的落点和高度能合理引领跑动速度，手脚协调配合，左、右手均衡发展

练习一：胯下变向运球分解练习

选择任意一侧开始原地运球，运球位置在体侧，运球调整之胯下变向，另一只手接球继续原地运球，调整好之后再次胯下变向，原地连续进行。两脚前后站立，原地运球时保持降重心的身体姿势，变向时按压球的侧上方，控制好球的落点。每一次原地运球调整好之后再变向，逐渐减少调整运球的次数，最终完成原地的连续胯下变向运球。练习演示见二维码视频 4-13。

视频 4-13

练习二：“Z”形行进间胯下变向运球

从底线开始，“Z”形任意摆放若干障碍物，在每个障碍物前完成胯下变向运球。行进间胯下变向运球的要求与练习一相同，先从较慢的速度开始练习，到障碍物前急停，降重心，运球调整之后完成胯下变向。随着逐渐掌握上述技术动作，可适当加快速度，减少运球调整的时间，最终达到快速胯下变向运球突破的要求。练习演示见二维码视频 4-14。

视频 4-14

练习三：半场“V”形胯下变向运球跑篮

从中线开始，在 45° 的三分线附近完成胯下运球变向，然后行进间低手投篮。右侧用左手出发，行进间运球到障碍物变向后，右手运球完成低手投篮。左侧用右手出发，行进间运球到障碍物变向后，左手运球完成低手投篮。左、右两侧均衡发展。练习演示见二维码视频 4-15。

视频 4-15

4.3.2 体能学练方法

4.3.2.1 手指手腕力量训练

• 教学目标：提高手指、手腕肌肉力量

• 教学重点：根据低手投篮的技术动作，提高相关肌肉群的力量

使用哑铃进行手指手腕的力量训练，练习时固定肘关节，完全依靠手指和手腕的力量进行抗阻训练。正面向心收缩 15 次 1 组，建议练习 3 ～ 5 组；侧面向心收缩 15 次为 1 组，建议练习 3 ～ 5 组。练习演示见二维码视

频 4-16。若居家练习时没有专用器材，可使用盛满水的矿泉水瓶进行练习，练习演示见二维码视频 4-17。

视频 4-16

4.3.2.2 下肢和核心力量练习

视频 4-17

- 教学目标：提高下肢和躯干的爆发力
- 教学重点：下肢和躯干协同发力

持球收腹跳，连续跳 10 次为 1 组，建议练习 3 组。练习演示见二维码视频 4-18。持球进行仰卧两头起，依次将球用手送至两脚之间并夹住，落下双腿，再由双脚将球送至双手，连续进行 10 次为一组，建议练习 3-5 组。练习演示见二维码视频 4-19。

视频 4-18

4.4 教学评价

视频 4-19

4.4.1 “V”形背后运球上篮

如图 4-7 所示，从右侧中线靠近边线的位置出发，左手运球到障碍物前完成背后变向运球，换右手完成右手行进间低手上篮。接着依然用右手运球到左侧中线靠近边线的位置，踩中线后不换手用右手运球至左侧障碍物前完成背后变向运球，换左手完成左手行进间低手上篮。动作演示见二维码视频 4-20。

视频 4-20

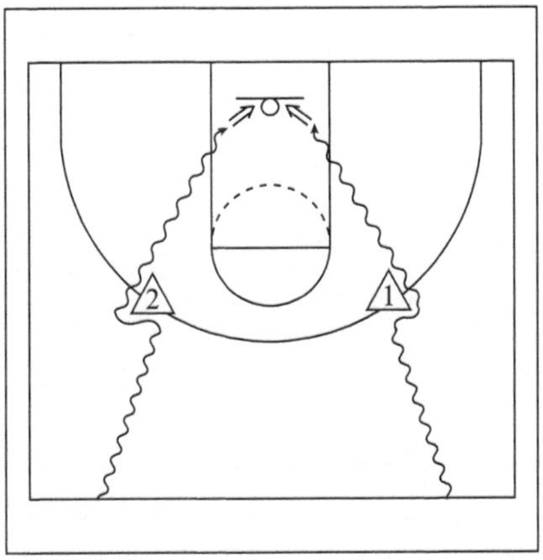

图 4-7　“V”形背后运球上篮路线图

对行进间背后变向运球的熟练程度、背后变向运球接跑篮的连贯性、行进间单手低手投篮动作的规范性及一系列动作的连贯性和速度 4 个指标进行评价。表 4-1 可用于练习者的阶段性自评，也可用于执教者对练习者的阶段性评价。主要目的是帮助练习者通过对比每个阶段的评价表看到自己的进步和不足之处。

表 4-1　四级测试教学评价表（一）

	得分									
评价指标	1	2	3	4	5	6	7	8	9	10
行进间背后变向运球的熟练程度										
背后变向运球接跑篮的连贯性										
行进间单手低手投篮动作的规范性										
一系列动作的连贯性和速度										

4.4.2 “V”形胯下运球上篮

如图 4-8 所示，从右侧中线靠近边线的位置出发，左手运球到障碍物前完成胯下运球变向，换右手完成右手行进间低手上篮。接着依然用右手运球到左侧中线靠近边线的位置，踩中线后不换手用右手运球至左侧障碍物前完成胯下运球变向，换左手完成左手行进间低手上篮。。动作演示见二维码视频 4-21。

视频 4-21

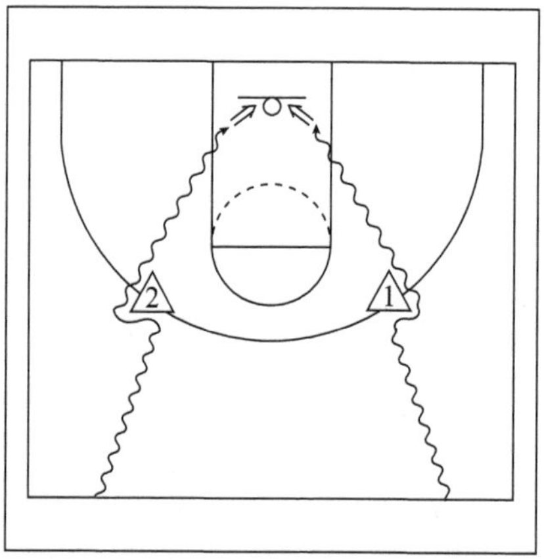

图 4-8　“V”形胯下运球上篮路线图

对行进间胯下变向运球的熟练程度、胯下变向运球接跑篮的连贯性、行进间单手低手投篮技术动作的规范性及一系列动作的连贯性和速度 4 个指标进行评价。表4-2可用于练习者的阶段性自评，也可用于执教者对练习者的阶段性评价。主要目的是帮助练习者通过对比每个阶段的评价表看到自己的进步和不足之处。

表4-2 四级测试教学评价表（二）

	得分									
评价指标	1	2	3	4	5	6	7	8	9	10
行进间胯下变向运球的熟练程度										
胯下变向运球接跑篮的连贯性										
行进间单手低手投篮技术动作的规范性										
一系列动作的连贯性和速度										

4.4.3 运动技能四级测试

具体测试内容、测试方法和评价标准请参照《青少年篮球运动技能等级标准与测试方法》。

第五章　五级测试

5.1 技术内容分析

5.1.1 五级测试的基本技术

五级测试的核心技术是罚篮、冲抢篮板球、运球后转身突破、运球胯下变向突破和行进间单手低手投篮。罚篮是篮球比赛中对犯规方的一种惩罚，罚球队员需在罚球线后的指定位置进行原地投篮。原地单手投篮是罚球队员广泛使用的一种投篮方法，在第一章介绍过篮下的单手肩上投篮，这一章将重点阐述罚篮和罚篮之后的冲抢篮板球。运球后转身突破一般多用于运球队员被对方严密防守，防守距离较近，并且防守队员靠近有球一侧时，变换路线摆脱防守的技术动作。

五级测试所涉及的技术内容有：原地单手肩上投篮、后转身运球、胯下变向运球、行进间单手低手投篮。

5.1.2 技术关键

原地单手肩上投篮是最常见的罚篮方法。以右手投篮为例，双脚平稳站在罚球线后，身体重心落在两脚中间，屈肘，手腕后仰，掌心向上，五指自然张开，持球于右眼前上方，如果力量不足可以持球与肩上，左手扶球侧，两膝微屈，目视瞄篮点。投篮时下肢蹬伸，同时依势伸腰展腹，抬肘上伸前臂，手腕前屈带动手指弹拨球，柔和用力将球投出，球离手后右臂应有自然跟进动作。手部动作和球的旋转路线与第一章相同。动作演示见二维码视频5-1。

视频 5-1

易犯错误

如二维码视频 5-2 所示，投篮时上下肢用力不连贯，投篮手型有偏差（图 5-1 ～图 5-3）。

视频 5-2

图 5-1　手型错误演示 1

图 5-2　手型错误演示 2

图 5-3　手型错误演示 3

篮板球是一项较为复杂的技术，它是由抢位、起跳、空中抢球以及获得球之后的动作等环节组成，无论是进攻还是防守都存在篮板球技术，进攻篮板球要突出“冲”，防守篮板球要突出“挡”。动作演示见二维码视频 5-3。

视频 5-3

视频 5-4

视频 5-5

易犯错误

如二维码视频 5-4 中，出现携带球违例；如二维码视频 5-5 中，转身时重心起伏。

运球后转身是一种运球突破技术。以右手运球为例，变向时，左脚向右前方跨出，以左脚为轴后转身，同时降低重心，右手将球拉至身体的后侧方，并按拍球落在身体的外侧方，然后换左手运球，换手时注意侧身保护球，左脚向左前方跨步加速运球前进。动作演示见二维码视频 5-6。

视频 5-6

视频 5-7

视频 5-8

易犯错误

如二维码视频 5-7 所示，进攻篮板球不冲；如二维码视频 5-8 所示，防守篮板球不挡；如二维码视频 5-9 所示，获得球后不保护球。

视频 5-9

5.2 篮球训练中的素质教育

5.2.1 媒体工作人员礼仪

媒体工作人员礼仪除了参与活动时仪容、仪态、服饰、语言等方面的基本礼仪之外，更重要的是工作过程中体现出来的积极而专业的工作态度。例如，媒体在直播时，赛前介绍球队或者球员时不应带有偏向性，应客观地描述球员和球队的基本情况；赛中在解说比赛时用专业、得体的语言解说，避免用轻视甚至侮辱性语言解说比赛；赛后采访应当考虑到球员或者教练员的情绪，避免问出不专业且令受访者尴尬的问题。此外，撰稿者在使用专业术语方面应当慎重，避免误导读者。参与比赛的各方面媒体工作人员都应该在不妨碍比赛的前提下各司其职，完成工作任务。

5.2.2 E：Earnest 认真

我把每一场比赛都当作我最后的一场比赛来打。

——阿伦·艾弗森

我们羡慕詹姆斯傲人的身体素质，赞美库里杰出的三分技术。但是成绩背后是经年累月、日复一日的训练，是对所有食品精确到克的自制。现在的他们也并非生来如此，对职业的执着和专注决定了他们的不凡。认真的态度可能无法保证你必然取胜，但它的确是胜者的共性。

5.3 教学建议

学习步骤

罚篮→后转身脚步→运球后转身突破→运球后转身突破→行进间低手投篮

5.3.1 教学与训练

5.3.1.1 罚篮

- 教学目标：掌握原地单手肩上投篮的技术动作和方法

• 教学重点：投篮时的上下肢协调用力，出手时的手指手腕动作

练习一：变距离原地单手肩上投篮

从合理冲撞区开始投篮，投进 3 个球之后向后撤一步继续投，依次进行，直至罚球线。每次投篮都要按正确的动作方法和要领去做，用心体会中篮的感觉，注意不同距离投篮时的发力程度。练习演示见二维码视频 5-10。

视频 5-10

练习二：罚球线原地单手肩上投篮

连续罚篮 10 次，必须单独练习，每次投完篮冲抢篮板球，注意判断篮板球的方向。记录每组的罚进次数，方便做练习成果对比。练习演示见二维码视频 5-11。

视频 5-11

5.3.1.2 后转身

• 教学目标：学习运球后转身突破，掌握转身技术和转身时的控球技术

• 教学重点：后转身时重心、速度和身体的控制，运球时靠近身体，利用球的惯性快速后拉，身体重心起伏尽量小，左、右手均衡发展

练习一：原地后转身 180° 练习

先原地做徒手 180° 后转身，熟悉左右两侧 180° 后转身脚步后，加入运球。注意转身时重心起伏尽量小，蹬地时前脚掌内侧用力，转动时注意腰胯的用力和手臂的协调配合。练习演示见二维码视频 5-12、视频 5-13。

视频 5-12

视频 5-13

练习二：行进间慢速后转身练习

先做徒手后转身脚步练习，熟悉了左右两侧后转身脚步后，运球行进间慢跑，在障碍物前做后转身，可“Z”形连续放置若干障碍物，左右手轮流进行练习。运球手五指张开，后转身时将球贴近身体，利用球的惯性快速将球拉至另一侧，然后换手运球，换手同时注意侧身保护球。练习演示见二维码视频 5-14、视频 5-15。

视频 5-14

5.3.1.3 运球后转身突破，行进间低手投篮

视频 5-15

• 教学目标：左右手均可运球后转身突破上篮

• 教学重点：运球后转身突破技术和行进间低手投篮两项技术的衔接

如图 5-4 所示，从底角开始，“Z”形摆放若干障碍物，在每个障碍物前完成运球后转身，在最后一个障碍物前后转身突破后，行进间低手投篮。“Z”形路线连续做运球后转身突破，体会运球转身距离的控制和时机，上下肢协调配合和手控球的能力提高后，可逐渐加快速度，减少运球调整的时间，最终达到快速运球转身突破的要求。左右两侧均衡发展。练习演示见二维码视频 5-16。

视频 5-16

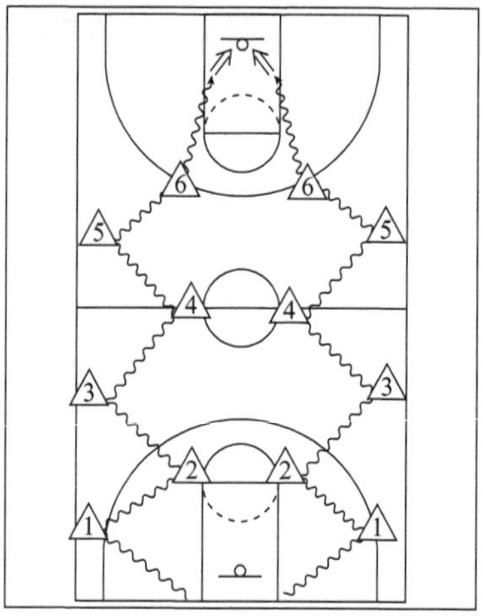

图 5-4 “Z”形后转身突破路线图

5.3.2 体能学练方法

5.3.2.1 1 分钟罚篮自投自抢

• 教学目标：提高投篮者在身体剧烈活动后的罚球动作稳定性和心理稳定性

• 教学重点：罚篮、冲抢篮板球、调整、再罚篮等一系列组合技术的稳定性

以 1 分钟为限，进行罚球自投自抢。必须从罚球线开始，冲抢篮板球之后，运球回到罚球线继续投篮。建议练习 3 ～ 5 组。练习演示见二维码视频 5-17。

视频 5-17

5.3.2.2 持球转身半蹲跳

• 教学目标：提高下肢爆发力及核心控制能力

• 教学重点：下肢和躯干协同发力

双手持球于胸前，原地进行转身半蹲跳，起跳时双脚同时用力蹬地，在空中完成转身时，控制身体重心，落地时前脚掌先着地，屈膝缓冲，身体重心在两脚之间。动作连贯，但不需要太快，每一次蹬地有力、落地稳健。连续跳 10 次为 1 组，建议练习 4 组，向左转 2 组、向右转 2 组。练习演示见二维码视频 5-18。

视频 5-18

5.4 教学评价

5.4.1 自投自抢连续 10 次罚篮

以罚球 10 次为限，罚球自投自抢，不限时间，每一次调整好之后再投篮。必须从罚球线开始，冲抢篮板球之后，运球回到罚球线继续投篮。

对单手肩上投篮技术动作的规范性、冲抢篮板球的速度和判断、罚篮命中率 3 个指标进行评价。表 5-1 可用于练习者的阶段性自评，也可用于执教者对练习者的阶段性评价。主要目的是帮助练习者通过对比每个阶段的评价表看到自己的进步和不足之处。

表 5-1 五级测试教学评价表（一）

	得分									
评价指标	1	2	3	4	5	6	7	8	9	10
单手肩上投篮技术动作的规范性										
冲抢篮板球的速度和判断										
罚篮命中率										

5.4.2 后转身突破上篮

如图 5-5 所示，采用后转身突破上篮。

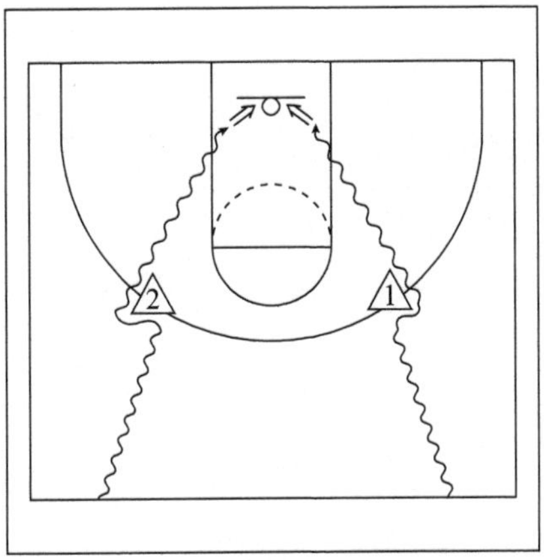

图 5-5 后转身突破上篮路线图

对运球后转身突破技术动作的规范性、后转身突破上篮技术的连贯性、左右手后转身突破上篮的速度3个指标进行评价。表5-2可用于练习者的阶段性自评，也可用于执教者对练习者的阶段性评价。主要目的是帮助练习者通过对比每个阶段的评价表看到自己的进步和不足之处。

表5-2　五级测试教学评价表（二）

	得分									
评价指标	1	2	3	4	5	6	7	8	9	10
运球后转身突破技术动作的规范性										
后转身突破上篮技术的连贯性										
左右手后转身突破上篮的速度										

5.4.3 运动技能五级测试

具体测试内容、测试方法和评价标准请参照《青少年篮球运动技能等级标准与测试方法》。

第六章　六级测试

6.1 技术内容分析

6.1.1 六级测试的基本技术

六级测试的核心技术是运球行进间左右手勾手投篮和运球急停跳起单手肩上投篮（运球突破急停跳投）。勾手投篮和跳投都属于投篮技术。行进间勾手投篮是持球突破至篮下、空切至近篮区背向或侧向篮筐接球后常采用的一种篮下投篮方法，它具有虽未摆脱对手却能利用位置差远离对手投篮的特点，既适合中锋队员运用，也是在近篮区以小制大的有效进攻手段；既可投空心篮，也可碰板投篮。跳投主要指跳起单手肩上投篮，跳起单手肩上投篮动作与原地单手肩上投篮动作方法基本相同，两者主要区别在于跳投可以在跳起的任意时间出手，一般有身高优势的球员会采用跳到最高点投篮，而没有身高优势的球员会在跳起过程中利用时间差来寻找投篮机会。跳投的运用方法多样，如高跳高出手、转身远离对手、后仰、换手、躲闪等，因此跳投成了比赛中普遍采用的主要得分手段之一。跳起投篮可在行进间接球或运球急停时跳起完成投篮，本章重点讲运球突破急停跳投。

六级测试所涉及的技术内容有：行进间运球突破左右手勾手投篮、运球突破跳步急停脚步、跳起单手肩上投篮。行进间勾手投篮脚步与第二章所学的行进间投篮脚步相同，故不再赘述。

6.1.2 技术关键

行进间勾手投篮是持球突破至篮下或空切至近篮区背向或侧向篮筐接球后常采用的一种篮下投篮方法。以右手投篮为例，突破后用左肩靠近防守队员，投篮时右腿顺势自然上提，注视篮筐，左手合理打开，保护球，右手五指张开控制好球，从右肩侧上方伸出，举球至最高点时挥前臂，屈腕、压指，用食指和中指拨球将球投出，球的旋转方向与单手肩上投篮一样，向后旋转入筐。如果在篮侧投碰板球，则要利用手指不同的拨球动作，使球向相应方向旋转碰板入篮。跨步蹬地、起跳和举球动作应协调一致，勾手投篮时，身体对出手角度、出手速度、球的旋转、投篮弧线和入篮角度进行良好控制。动作演示见二维码视频 6-1。

视频 6-1

易犯错误

投篮时手臂没有伸直（图 6-1）。

图 6-1　手臂未伸直

跳步急停与跨步急停一样，是运动员在快速移动中为了克服身体惯性而采用的一种突然制动的移动技术。在运球突破过程中或接球瞬间单脚或双脚起跳，一般起跳的高度离地面不高，落下时两脚同时平行落地。落地后保持身体平衡，以三威胁作为急停的结束动作。跳步急停的优点是两个脚都可以作为中枢脚。动作演示见二维码视频 6-2、视频 6-3。

视频 6-2

视频 6-3

易犯错误

如二维码视频 6-4 所示，出现了落地时两脚没有平行站立、两脚之间的距离不合理、落地后没有降重心、没有以三威胁动作作为结束动作等错误。

视频 6-4

跳起单手肩上投篮是比赛中个人进攻常用的投篮方式。以右手为例，在运球突破过程中，采用跳步或跨步急停后控制重心，迅速蹬地向上起跳，起跳时身体垂直于地面，面对篮筐，在空中保持身体平衡。建议初学者在身体接近最高点时投篮，投篮的手部动作和要求与单手肩上投篮一样。该项技术熟练之后，可以根据自己的实际情况和对手的防守情况选择出手时机。动作演示见二维码视频 6-5。

视频 6-5

易犯错误

身体前倾，没有垂直地面（图 6-2）；投篮时没有面对篮筐；跳投的整体动作脱节，上下肢配合不协调。

图 6-2　身体未垂直地面

6.2 篮球训练中的素质教育

6.2.1 观众礼仪

观众礼仪主要体现在入场礼仪、观赛礼仪和退场礼仪三个时间段。作为观众参与到比赛当中，着装应干净、整洁、得体。入场时应按照赛会要求配合安检，有序入场；观赛时了解规则，尊重裁判，正确地鼓掌加油，做文明啦啦队，注意言行举止；赛后正确对待输赢，及时向赢得比赛的运动队表示祝贺，对输了比赛的运动队表示鼓励。小篮球比赛的观众和啦啦队大多都是由家长组成，家长更应注重观赛礼仪，为小球员建立正确的竞争观。

6.2.2 T：Team（团队）

我想成为一名无私的球员，我觉得那可以驱使我的队友进步。因为当你在场上有一个最好的球员，而且还很无私的时候，那么优秀将会感染到其他的队员。

——詹姆斯

团结协作是篮球对于每个球员个体提出的要求，赛场上没有个体，只有团体。篮球的魅力就在于所有人为了一个共同的目标拼尽全力。团队是什么——同担荣辱，共享成败。

6.3 教学建议

学习步骤

原地左右手勾手→行进间左右手勾手投篮→跳步急停→跳投

6.3.1 教学与训练

6.3.1.1 原地左右手勾手

- 教学目标：左右手篮下均可熟练勾手投篮
- 教学重点：勾手投篮时压腕、手指拨球，球的旋转弧线

练习一：左右手勾手互传

先进行原地一个球的左右手勾手互传的练习，然后进阶到行进间的左右手勾手互传练习。互传时左右手掌心空出托住球，传球时手臂外展、伸直，压腕，手指拨球，出手的整体动作协调、柔和，仿佛球在头顶正上方划出一道漂亮的彩虹。每一阶段 20 ～ 30 次互传为 1 组，建议练习 3 ～ 5 组。练习演示见二维码视频 6-6。

视频 6-6

练习二：篮下左右手勾手投篮

练习篮下 45° 左右手勾手投篮，以练习打板进球为主。打板瞄准点与行进间高、低手投篮的点一样，原地勾手投篮时的脚步动作要求与行进间勾手投篮的脚步一样，左、右手均衡发展。投进 10 个为 1 组，建议练习 3 ～ 5 组。练习演示见二维码视频 6-7。

视频 6-7

6.3.1.2 行进间左右手勾手投篮

• 教学目标：熟练掌握左右手勾手投篮

• 教学重点：行进间投篮时的跑动路线是弧形，投篮时的身体位置是侧面对球筐，控制好球的旋转、投篮弧线和入篮角度

练习一：徒手行进间左右手勾手投篮

从左右两侧 45° 三分线附近开始，徒手进行左右手勾手投篮模仿练习。根据自身实际情况判断行进间投篮的起步点，投篮结束后不要迅速收回投篮手，保持投篮结束的动作，自检投篮手是否正确。左、右两侧 10 次为 1 组，建议练习 3 组。练习演示见二维码视频 6-8。

视频 6-8

练习二：行进间左右手勾手投篮

左右两侧 45° 三分线附近开始，胯下运球突破，选择合适位置起步，完成行进间勾手投篮。胯下运球突破速度快，行进间投篮起步位置合理，身体位置正确，保证每次勾手投篮的动作质量。打板进球时反复体会打板位置，出手时手臂、腕、手指之间应协调用力。左、右两侧投进 10 个为 1 组，建议练习 3 ～ 5 组。练习演示见二维码视频 6-9。

视频 6-9

6.3.1.3 跳步急停

• 教学目标：熟练掌握运球跳步急停和接球跳步急停技术

• 教学重点：跳步高度，落地后两脚之间的位置，控制身体重心，保持身体平衡

练习一：徒手行进间跳步急停

从底线开始走动或慢跑，听到哨声后调整脚步做跳步急停徒手三威胁动作，反复练习。起跳高度不要太高，落地两脚平行，距离比肩稍宽，屈膝降低重心，以三威胁动作结束，根据技术掌握的熟练程度可逐步提高跑动速度。10 次为 1 组，建议练习 3 ～ 5 组。练习演示见二维码视频 6-10。

视频 6-10

练习二：运球行进间跳步急停

从底线开始运球慢跑，听到哨声后调整脚步做跳步急停持球三威胁动作，反复练习。哨响时练习者反应要迅速，持球和跳步急停动作要一致，落地后降重心，以持球三威胁动作作为结束动作，行进间运球的跑动速度可逐步提高。左右手运球跳步急停 10 次为 1 组，建议练习 3 ～ 5 组。练习演示见二维码视频 6-11。

视频 6-11

练习三：行进间抛接球跳步急停

从底线开始运球慢跑，听到哨声后将球抛过头顶，调整脚步做跳步急停持球三威胁动作。抛球高度不要太高，过头顶即可，起跳后在空中接球，接

球时控制身体重心，跳步急停后以持球三威胁动作作为结束动作，行进间运球的跑动速度可逐步提高。左、右手运球跳步急停 10 次为 1 组，建议练习 3 ～ 5 组。练习演示见二维码视频 6-12。

视频 6-12

6.3.1.4 原地跳起单手肩上投篮

• 教学目标：掌握原地跳投技术

• 教学重点：利用下肢力量起跳，在空中时充分发挥核心力量保持身体平衡，投篮过程中身体各部位协调发力

练习一：原地徒手跳投

先进行原地徒手跳投练习，以三威胁姿势作为准备动作，屈膝、蹬地起跳、迅速举球，当身体腾空接近最高点时伸臂、屈腕、拨指，完成投篮技术动作。注意屈膝降重心，投篮时下肢发力蹬地，在空中保持身体平衡，投篮结束后不要迅速收回投篮手，保持手型，自我检查手型是否正确，动作连贯，全身协调用力。投篮 10 次为 1 组，建议练习 3 ～ 5 组。练习演示见二维码视频 6-13。

视频 6-13

练习二：原地跳投

原地跳投的投篮距离由近至远，先进行三秒限制区内近距离投篮练习，接着沿三秒限制区的线进行投篮练习，最后在三秒限制区以外三分线内进行投篮练习。投篮距离循序渐远，在技术动作没有熟练之前，不要盲目将投篮距离拉远，容易导致技术动作变形。投篮 10 次为 1 组，建议练习 3 ～ 5 组。练习演示见二维码视频 6-14。

视频 6-14

6.3.1.5 运球急停跳投

• 教学目标：掌握运球急停跳投技术

• 教学重点：起跳时下肢用力蹬地，当身体接近最高点时出手，运球急停跳投一系列动作的连贯性和协调性

练习一：移动接球急停跳投

（1）个人练习：自抛自接投篮，5 次为 1 组，建议练习 3 ～ 5 组。练习演示见二维码视频 6-15。

视频 6-15

（2）集体练习：如图 6-3 所示，练习者分成两组站立，45° 三分线的这组每人 1 球，3 号位传球给 1 号位后空切要球，接 1 号位的回传球急停投篮。1 号位冲抢篮板球后排到 45° 三分线这一组的队尾，3 号位投篮后排到三分线弧顶这一组的队尾。依次练习。接球跳步急停，屈膝降重心，保持身体平衡，以三威胁动作快速过度完成跳起投篮。从开始的传球到最后的投篮，注意一系列动作的连贯性和流畅性。左、右两侧共练习 10 ～ 15 分钟。

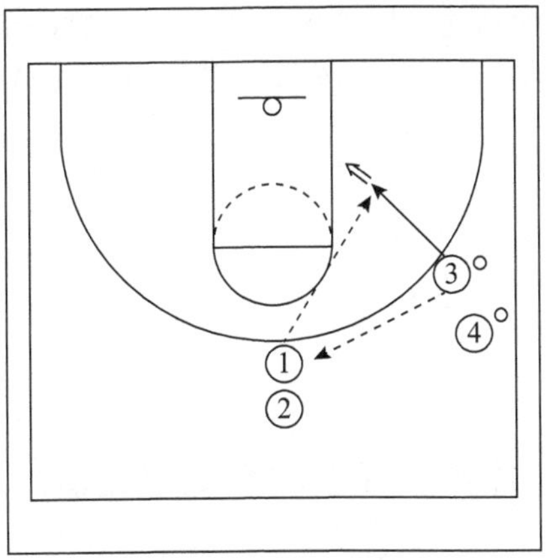

图 6-3　运球急停跳投路线图

练习二：行进间运球急停跳投

在三分线外运球加速跑，至限制区附近跳步急停跳投。行进间运球加速跑，开始可以降速练习，随着技术动作的逐渐熟练，慢慢加快速度，最终达到比赛实战所需要的速度。跨步急停、跳步急停各 10 次为 1 组，建议练习 3 ～ 5 组。练习演示见二维码视频 6-16。

视频 6-16

6.3.2 体能学练方法

6.3.2.1 连续双脚跳起摸高

• 教学目标：提高下肢爆发力和弹跳力，为运球突破急停跳投提供足够的下肢力量

• 教学重点：原地双脚尽最大力垂直向上起跳，水平运动的幅度要小，落地时立即接着下一次起跳

两脚开立与肩同宽，猛然地垂直跳起摸高，在跳到最高点时双手摸高，落地后呈起始姿势，立即接着下一次起跳。起跳 15 次为 1 组，建议练习 3 ～ 5 组。练习演示见二维码视频 6-17。

视频 6-17

6.3.2.2 1 分钟自投自抢练习

• 教学目标：熟练掌握跳投技术，提高投篮命中率

• 教学重点：提高在运动中和疲劳状态下的跳投水平，保持正确的跳投技术动作

限制区以外进行 1 分钟跳投，每次投篮结束后自己快速抢篮板球后运球出三秒限制区进行下一次跳投。跳投和抢篮板的速度要尽可能快，保证尽

可能多的出手次数，模拟比赛中的投篮节奏，保持疲劳状态中跳投的动作质量。每一组都要记录出手次数和投进次数。练习 1 分钟为 1 组，建议练习 3 ～ 5 组。练习演示见二维码视频 6-18。

视频

6.4 教学评价

6.4.1 1 分钟运球行进间左右手勾手投篮

如图 6-4 所示，在 45° 三分线左、右两侧运球绕标志桶，行进间左右手勾手投篮，每次投篮结束抢篮板，投篮不进则进行补篮，补篮也应是勾手投篮，计时 1 分钟。

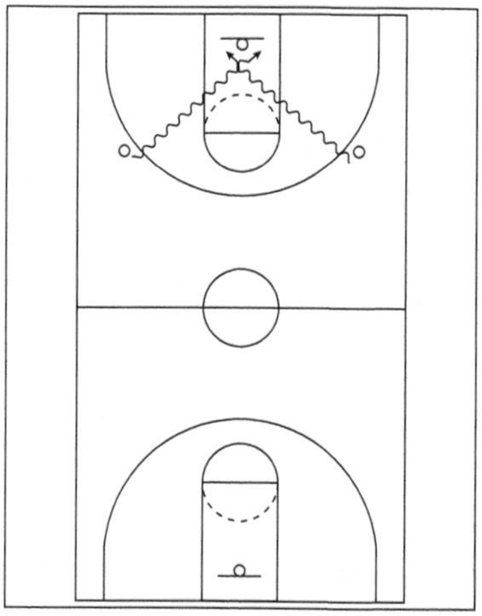

图 6-4　行进间左右手勾手投篮路线图

对行进间运球的跑动速度、勾手投篮起步后的身体位置（侧对篮筐）、勾手投篮动作的规范性及一系列动作的连贯性和速度 4 个指标进行评价。表 6-1 可用于练习者的阶段性自评，也可用于执教者对练习者的阶段性评价。主要目的是帮助练习者通过对比每个阶段的评价表看到自己的进步和不足之处。

表 6-1　六级测试教学评价表（一）

	得分									
评价指标	1	2	3	4	5	6	7	8	9	10
行进间运球的跑动速度										
勾手投篮起步后的身体位置（侧对篮筐）										
勾手投篮动作的规范性										
一系列动作的连贯性和速度										

6.4.2 1 分钟胯下运球突破跳投

如图 6-5 所示，在任意一侧 45° 三分线的障碍物前做胯下运球突破急停跳投，投完之后冲抢篮板球，运球至另一侧障碍物前继续做胯下运球突破急停跳投，计时 1 分钟。要求投篮点必须在三秒限制区以外。

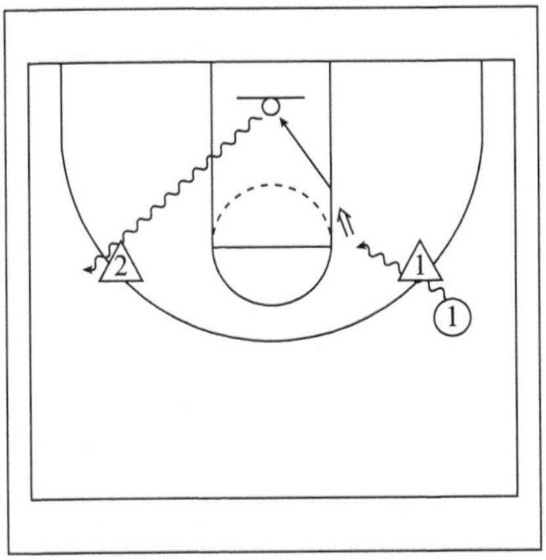

图 6-5　胯下运球突破跳投路线图

对胯下运球突破技术、运球跳步急停技术、跳投技术及一系列动作的连贯性和速度 4 个指标进行评价。表 6-2 可用于练习者的阶段性自评，也可用于执教者对练习者的阶段性评价。主要目的是帮助练习者通过对比每个阶段的评价表看到自己的进步和不足之处。

表 6-2　六级测试教学评价表（二）

	得分									
评价指标	1	2	3	4	5	6	7	8	9	10
胯下运球突破技术										
运球跳步急停技术										
跳投技术										
一系列动作的连贯性和速度										

6.4.3 运动技能六级测试

具体测试内容、测试方法和评价标准请参照《青少年篮球运动技能等级标准与测试方法》。

第七章　七级测试

7.1 技术内容分析

7.1.1 七级测试的基本技术

七级测试的核心技术是传球、接球行进间投篮、持球突破和跳投。传、接球技术是篮球运动中组织配合的纽带和桥梁，也是最能够体现团队项目特点的基本技术。及时准确的传球和娴熟合理的接球能够体现队员之间的默契，同时也是获得良好进攻时机的有利条件。七级的持球突破技术是跳步急停交叉步突破，跳步急停三威胁动作在第三章介绍过，在这里不做赘述，这一章重点介绍交叉步突破技术。交叉步突破是持球突破的一种，因在突破过程中动右脚从左侧突破，动左脚从右侧突破，故而称为交叉步突破。七级的投篮方式主要有接球行进间低手投篮和跳投。行进间低手投篮的技术要领和练习方法在第四章已经介绍过，这一章重点介绍跳投。跳投是指跳起投篮，七级当中的中距离跳投要求跳起后保持身体平衡，跳至最高点时将球投出。

七级测试所涉及的技术内容有：传、接球，接球行进间低手投篮，持球交叉步突破，跳投。

7.1.2 技术关键

双手胸前传球的持球手部动作是五指自然张开，手心空出，两手的拇指相对，持球两侧，形成“八”字形。传球时手臂发力，将力量传递到手腕和手指，离手时大拇指拨球，球以向后旋转的状态飞行至接球人的胸腹之间。动作演示见二维码视频 7-1。

视频 7-1

易犯错误

持球时架肘（图 7-1）、传球时双手用力不均衡（图 7-2）。

图 7-1　架肘

图 7-2　双手用力不均衡

接球的三个环节：迎球、缓冲和转化。迎球是指手臂伸向来球的方向迎接球，双手接球时两手靠拢，形成一个半球形，减少漏接的概率。缓冲是指当手指触球的瞬间，小臂后引，缓和球的来力。转化是当已经掌握球之后，保护球的同时将球引入下一个动作的起始状态，以缩短下一个动作的准备时间。动作演示见二维码视频 7-2。

视频 7-2

易犯错误

没有伸手迎球（图 7-3）；接球手型不对，导致漏接球（图 7-4）。

图 7-3　没有伸手错误演示

图 7-4　手型错误演示

接球行进间低手投篮以右手为例，接球同时右脚向球篮方向跨出一大步，然后第二步加速，用左脚蹬地向前上方起跳，持球手托住球的下方，投篮手向球篮方向伸展。投篮时手腕上挑，手指拨球，使球向前旋转飞行至篮筐。动作演示见二维码视频 7-3。

视频 7-3

持球交叉步突破以三威胁动作为开始，以右脚作为中枢脚为例，突破时上体向右转体，左肩下压探肩，重心向右前方移动，左脚迅速向右前方跨出，同时推放球在左脚前侧，并且侧身保护球，然后右脚用力蹬地试图超越防守人，完成突破。动作演示见二维码视频 7-4。

视频 7-4

易犯错误

没有转体、沉肩（图 7-5）；脚尖方向不对（图 7-6）；放球过晚导致走步（图 7-7）。

图 7-5 未转体、沉肩

图 7-6 脚尖方向错误

图 7-7 走步

7.2 篮球训练中的素质教育

7.2.1 运动仪式礼仪

运动仪式礼仪包括开幕式流程：主持人宣布开幕式开始、裁判员、运动员有序入场、升国旗（会旗）、奏国歌（会歌）、致欢迎词、致开幕词、运动员和裁判员宣誓等；颁奖流程：宣布比赛成绩、优胜者就位、为优胜者颁奖、升国旗、奏国歌；闭幕式流程：致闭幕词、有序退场。虽然在一些基层篮球比赛和小篮球比赛中，上述流程有时会被简化，但教练员应该配合赛会使业余球员和小球员在上述流程中深刻体会完整的篮球比赛过程，让他们了解篮球运动除了比赛之外还有一系列的运动仪式，使任何一场篮球比赛都具有仪式感。

7.2.2 B：Brotherhood（友谊）

为了取得比赛的胜利，要我做什么都可以，不管是坐在板凳席上给队友递毛巾、递水，还是上场执行制胜一投。

——科比 · 布莱恩特

参加体育运动的过程就是一个收获友谊的过程，篮球运动更是如此。一起努力过的队友是战友，亦是朋友。人们因对篮球的热爱相聚在一起，篮球成了彼此之间的纽带和桥梁，这种友谊至纯至真至珍贵。

7.3 教学建议

学习步骤

传、接球→接球行进间低手投篮→持球交叉步突破跳投

7.3.1 教学与训练

7.3.1.1 传、接球

• 教学目标：熟练掌握传、接球技术，提高移动中传球的准确度和接球的稳定性

• 教学重点：传球的动作规范性和准确度，接球时的迎球、缓冲和转化

练习一：原地碎步传、接球

全身协调用力，下肢的碎步不影响传、接球技术的规范性。练习演示见二维码视频 7-5。

视频 7-5

练习二：三人两球顺、逆时针移动传球

如图 7-8 所示，一边传球一边移动，三人之间的距离始终不变，移动中传、接球的技术动作规范，尽量提高传球的准确度和接球的稳定性。顺时针传球，顺时针移动；逆时针传球，逆时针移动，练习演示见二维码视频 7-6。顺时针传球，逆时针移动；逆时针传球，顺时针移动，练习演示见二维码视频 7-7。

视频 7-6

视频 7-7

图 7-8 三人两脚传、接球路线图

7.3.1.2 接球行进间低手投篮

• 教学目标：熟练掌握接球行进间低手投篮技术，提高在快速移动中行进间低手投篮的命中率

• 教学重点：行进间接球时的迎球、缓冲和转化，接球起步技术

视频 7-8

练习一：自抛自接行进间低手投篮

自己抛球到合适位置，左边采用左手投篮，右边采用右手投篮。左、右两侧平衡发展。练习演示见二维码视频 7-8。

练习二：行进间传球跑篮

视频 7-9

如图 7-9 所示，1 号位运球往篮下跑，在三分线附近将球传给同时出发的 2 号位，然后快速向篮下切入，2 号位接到球之后回传给 1 号位，1 号位接球上篮。投篮结束后 1 号位排在 4 号位后面，2 号位抢到篮板球排在 3 号位后面。注意传球落点，传球时呼叫接球人的名字。接球时调整脚步，确保不走步。左、右手平衡发展。练习演示见二维码视频 7-9。

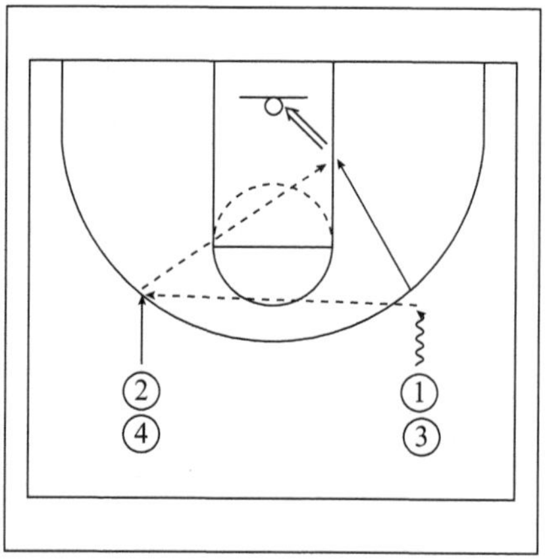

图 7-9　行进间传球跑篮路线图

视频 7-10

视频 7-11

视频 7-12

视频 7-13

7.3.1.3 持球交叉步突破跳投

- 教学目标：熟练掌握持球交叉步突破技术
- 教学重点：突破过程中的蹬跨，侧身探肩，推放球和加速

练习一：两人一组突破练习

依次完成持球跨步、探肩、转体、推放球练习。向左探肩转体时，右脚前脚掌内侧发力蹬地，反之要求相同。交叉步蹬跨要大，超越或与防守人的脚平行为佳，脚尖方向朝篮筐。练习演示见二维码视频 7-10。

练习二：抛接球持球突破上篮

依次完成自己抛接球突破（二维码视频 7-11）、防守人抛球突破（二维码视频 7-12）、防守人抛球后消极防守（二维码视频 7-13）。如图 7-10 所示，接球后跳步急停靠近障碍物，侧身、沉肩、跨步动作连贯，蹬地用力，放球快而且要保护球。

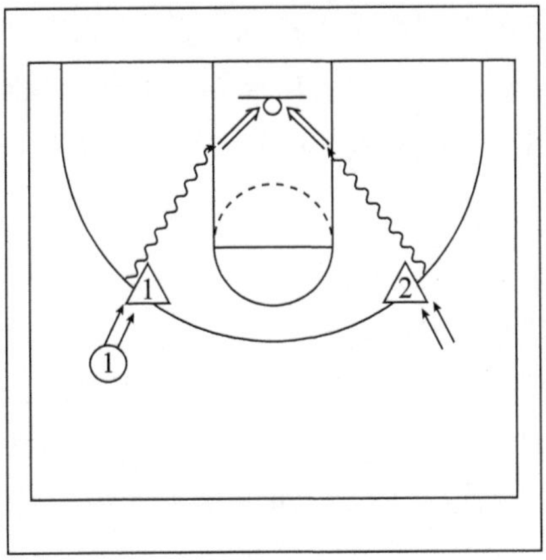

图 7-10　持球突破上篮路线图

练习三：传、接球持球突破跳投

按照图 7-11 所示，进行练习，传球准确，接球跳步急停靠近障碍物或者防守人。交叉步突破后只能运一次球，然后急停跳投。练习演示见二维码视频 7-14。

视频 7-14

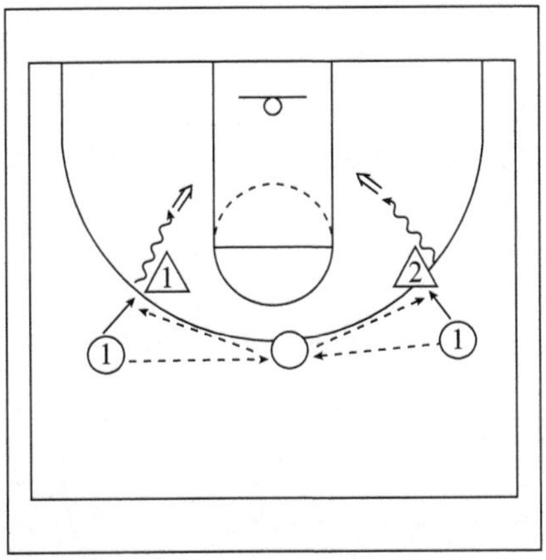

图 7-11　持球突破跳投路线图

7.3.2 体能学练方法

7.3.2.1 20 米对抗运球急停跳投

- 教学目标：提高身体的对抗性，在强对抗后保持快速稳定的跳投命中率
- 教学重点：在对抗中保持身体的稳定性，完成双手运球和投篮技术

20 米的距离为后场底线到前场三分线以内，靠近三分线的距离。练习者

视频 7-15

双手运球前进，辅助练习者用双手顶住练习者的双肩，给予一定的对抗力量，迫使练习者在对抗中运球前进。对抗运球到前场三分线附近，用运过去的 2 个球，快速完成 2 次投篮。建议练习 10 组。练习演示见二维码视频 7-15。

7.3.2.2 连续弓箭步跳

- 教学目标：提高下肢爆发力
- 教学重点：蹬跨和连续蹬跨

视频 7-16

原地连续进行弓箭步跳，弓箭步时膝关节不要超过脚尖，身体重心在前后开合的两脚之间。动作连贯，但不需要太快，每一次跨跳蹬地有力，落地稳健。连续弓箭步跳 15 次为 1 组，建议练习 5 组。练习演示见二维码视频 7-16。

7.4 教学评价

7.4.1 1 分钟“V”形突破跳投

视频 7-17

如图 7-12 所示，以 1 分钟为限，从左侧开始，传球给辅助练习者，跑到障碍物前接回传球做跳步急停、交叉步左手突破急停跳投，投完篮之后，如果不进无须补篮，抢篮板再传给辅助练习者，跑到右侧障碍物前，接回传球做跳步急停、交叉步右手突破急停跳投。左、右两侧依次循环。练习演示见二维码视频 7-17。

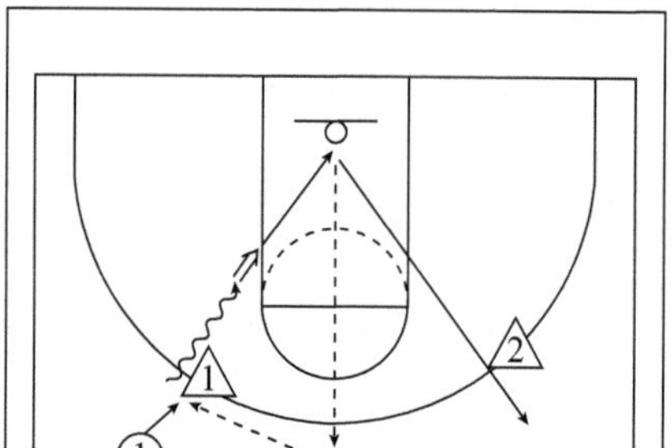

图 7-12　1 分钟“V”形突破跳投路线图

对传球的准确度、接球技术和接球后的跳步急停、持球交叉步突破动作的规范性、跳投技术及一系列动作的连贯性和速度 5 个指标进行评价。表 7-1 可用于练习者的阶段性自评，也可用于执教者对练习者的阶段性评价。主要目的是帮助练习者通过对比每个阶段的评价表看到自己的进步和不足之处。

表 7-1　七级测试教学评价表

	得分									
评价指标	1	2	3	4	5	6	7	8	9	10
传球的准确度										
接球技术和接球后的跳步急停										
持球交叉步突破动作的规范性										
跳投技术										
一系列动作的连贯性和速度										

7.4.2 运动技能七级测试

具体测试内容、测试方法和评价标准请参照《青少年篮球运动技能等级标准与测试方法》。

第八章　八级测试

8.1 技术内容分析

8.1.1 八级测试的基本技术

八级测试的核心技术是长传球、持球突破、跳投、三分球。长传球多用于快攻发动阶段和推进阶段，它是快攻中最简练的得分手段，是速度最快的一种反击。长传球的威胁极大，在比赛中常常使对手来不及应对和退防。八级中的长传球要求在接到球之后直接传球，不允许运球。八级的持球突破技术是跳步急停顺步突破，跳步急停三威胁技术在前文中详细讲解过，在这里不做赘述。这一章重点介绍顺步突破技术，顺步突破与第七章中介绍的交叉步突破一样，属于持球突破的一种，因在突破过程中动右脚从右侧突破，动左脚从左侧突破，故而称为顺步突破。八级的投篮方式主要有跳投和三分球。跳投的技术要领和练习方法在第七章已经介绍过，这一章重点介绍三分球。三分球要求在三分线以外接球后投篮命中，且不允许运球调整，起跳时双脚不可踩三分线，落地时双脚可以在三分线以内。

八级测试涉及的技术内容有长传球、持球顺步突破、跳投、三分球。

8.1.2 技术关键

长传球可以用单手也可以用双手，但在行进间接球后直接传球多采用双手。八级测试不明确规定采用何种手型长传球，但视频 8-1 示范用的是双手胸前长传球，所以在本章中讲解双手胸前长传球。双手胸前长传球的手部动作与双手胸前传球动作基本一样。不同的是，由于长传球的距离较远，单靠手臂用力是不够的，所以在接到球准备出手的同时，下肢也要蹬地发力，核心收紧。传球时上下肢协调配合，力量由下肢带动到上肢及手指手腕，要求动作连贯，球在飞行过程中有适当的抛物线。

视频 8-1

持球顺步突破以三威胁动作为起始，以左脚为中枢脚为例。突破时上体向右转体，左肩下压探肩，重心向右前方移动，右脚迅速向右前方跨出，同时推放球在右脚前侧，并且侧身保护球，然后左脚用力蹬地，试图超越防守人，完成突破。动作演示见二维码视频 8-2。

视频 8-2

易犯错误

没有转体和沉肩（图 8-1）；重心脚先移动、后放球，导致走步（图 8-2）。

图 8-1　未转体和沉肩

图 8-2　走步

三分球以右手投篮为例，接球时先跨左脚，右脚落地位置稍前，双脚距离与肩同宽，双膝微屈，身体重心落于双脚之间。投篮手的五指自然分开，掌心空出不接触球，屈肘，举球至右肩肩上，手腕后仰，左手扶球侧方。出手时双脚蹬伸发力，身体随之向上伸展，同时抬肘伸前臂，手腕前屈带动手指拨球，通过食指和中指柔和拨球将球用力投出。球离手后右臂应该有自然跟随动作。动作演示见二维码视频 8-3。

视频 8-3

8.2 篮球训练中的素质教育

8.2.1 运动标识礼仪

运动标识礼仪主要有两类：一类是比赛标志、宣传海报、吉祥物，另一种是球队的队旗、队服、队徽和球队标志。这些标识都要求主旨鲜明、富有想象力，具有独特代表性同时直观生动，有正能量。

8.2.2 A：Amusement（乐趣）

这是一个我们期望能得到快乐的工作，但也是一份我们应该准备好去做的工作。

——詹姆斯

为什么会有人想打篮球？那是因为篮球运动能让我们快乐，而快乐其实是一件很简单的事情，简单到一场酣畅淋漓的球赛就可以带来一天的好心情。快乐又是一件很复杂的事情，复杂到很多人需要费劲心力去追寻。让篮球进入你的生命，也许你还是会有别的忧愁，但当你想要快乐时，你一定知道应该怎么做。

8.3 教学建议

学习步骤

双手胸前长传球→持球顺步突破→三分球

8.3.1 教学与训练

8.3.1.1 双手胸前长传球

• 教学目标：熟练掌握行进间长传球技术，提高移动中长传球的准确度和球速

• 教学重点：移动中传球的准确度，球的抛物线、速度

练习一：两人一球原地双手长传球。

两人一组面对面，站至球场两端边线。传球时全身协调用力，接球的同时脚下做好准备，接到球后直接将球传出，可以助跑两步。注意传球动作的规范性。动作演示见二维码视频 8-4。

视频 8-4

练习二：两人一球直线一传快攻

如图 8-3 所示，1 号位持球，1 号位和 2 号位从底线同时出发，1 号位直线运球，2 号位侧身加速跑看球，当 2 号位跑过中场线的同时，1 号位起球双手胸前长传球给 2 号位，2 号位直接接球上篮。当无球队员跑过中场线时，

持球队员要确保传球的落点能够让无球队员接到球直接上篮。注意传球的球速及准确性。练习演示见二维码视频 8-5。

视频 8-5

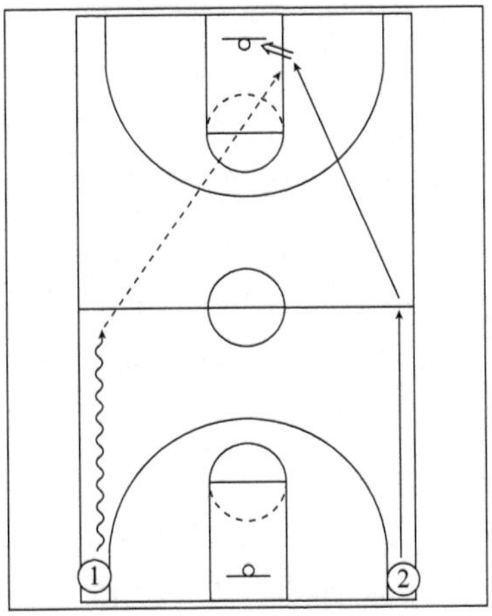

图 8-3　一传快攻路线图

练习三：三人一球直线三传快攻

如图 8-4 所示，以右边上篮为例，2 号位持球，三人从底线同时出发，2 号位先传球给 1 号位，在接回 1 号位的回传球的同时，直接双手胸前长传球给 3 号位，3 号位接到球后直接上篮。1 号位和 3 号位注意侧身看球跑动。三人之间保持好跑动距离。当中间队员接到回传球后要确保无球队员接到球直接上篮。中间球员注意接球、传球动作的连贯性，脚下不要走步，做到球速快、落点准。练习演示见二维码视频 8-6。

视频 8-6

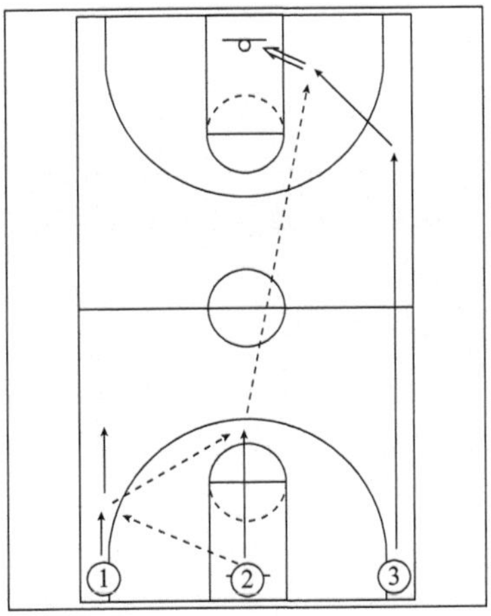

图 8-4　三传快攻路线图

视频 8-7

8.3.1.2 持球顺步突破跳投

• 教学目标：熟练掌握持球顺步突破技术

• 教学重点：突破过程中的蹬跨、侧身探肩、推放球和加速，强调顺步突破先放球后蹬地起动，不要走步

视频 8-8

视频 8-9

练习一：两人一组突破练习

依次完成持球跨步、探肩、转体练习，练习演示见二维码视频 8-7；再依次完成持球探肩、转体、跨步、推放球，练习演示见二维码视频 8-8。向右探肩转体时，右脚前脚掌内侧发力蹬地，右脚跨步和右手放球是同时进行的，左脚重心脚用力踩住地面，反之要求相同。顺步蹬跨要大，超越或与防守人的脚平行为佳，脚尖方向朝篮筐。

视频 8-10

视频 8-11

练习二：抛接球持球突破上篮

依次完成自己抛接球突破（二维码视频 8-9）、防守人抛球突破（二维码视频 8-10）、防守人抛球后消极防守（二维码视频 8-11）。如图 8-5 所示，接球后跳步急停靠近障碍物或者防守人，侧身、沉肩、跨步动作连贯，踩住重心脚，蹬地用力，放球快而且要保护球。

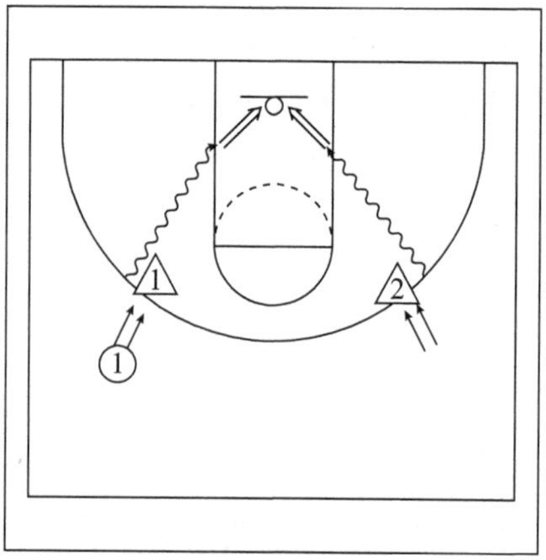

图 8-5　接球突破上篮路线图

视频 8-12

练习三：传、接球持球突破跳投

如图 8-6 所示，进行练习，传球准确，接球跳步急停靠近障碍物或者防守人。顺步突破后只能运一次球，然后急停跳投。练习演示见二维码视频 8-12。

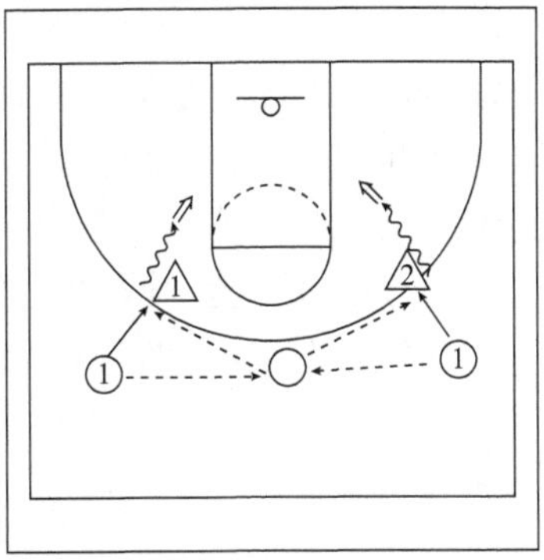

图 8-6　持球突破跳投路线图

8.3.1.3 三分球

• 教学目标：熟练掌握三分球远投技术，提高在快速移动中投篮出手的稳定性和命中率

• 教学重点：投篮动作的规范性和稳定性，接球后对于身体重心的控制，投篮时动作的发力和连贯性

练习一：45 秒折返投篮

如图 8-7 所示，1 号位为投篮队员，在中场线准备；2 号位为传球队员，听到口令后，1 号位快速跑至障碍物前接 2 号位的球投篮，出手后立即转身跑回至中场，随后再折返至障碍物继续接 2 号位的球投篮；3 号位为抢篮板球队员。每一次练习时间为 45 秒。传球准确，接球跳步急停靠近障碍物或者防守人。顺步突破后只能运一次球，然后急停跳投。投篮队员在规定的时间内以最快的速度及较高的命中率完成练习。在接球准备投篮时双手呈接球准备姿势做好充分准备，调整好脚下步伐，避免走步，接球后控制好身体重心，完成投篮动作，要求全身协调用力，动作连贯。练习演示见二维码视频 8-13。

视频 8-13

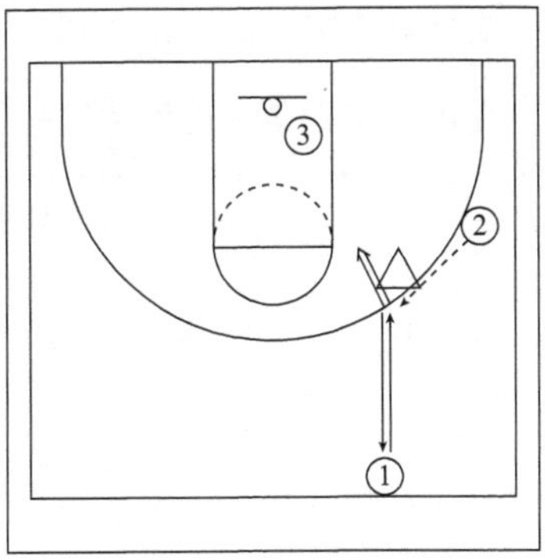

图 8-7　45 秒折返投篮路线图

练习二：全场 1 分钟折返投篮

持球队员在三分线外做准备，发出口令后，立即出手投篮，抢到篮板球后运球至另一半场的三分线外继续投篮，自投自抢，练习时间为 1 分钟。投篮队员在规定时间内以最快的速度及稳定的命中率完成练习。在抢篮板球和运球跑动的过程中速度要快，起球后瞄篮，调整好呼吸，完成投篮动作，要求全身协调用力，动作连贯。练习演示见二维码视频 8-14。

视频 8-14

8.3.2 体能训练方法

8.3.2.1 循环训练

• 教学目标：通过技术练习和高强度 HIT 交叉进行的循环训练，同时提高有氧代谢能力和篮球基本技能

• 教学重点：高强度 HIT 训练时的技术动作规范和意志品质培养

依次进行双脚交替跳绳、双手同时大力运球、简易波比跳、篮下勾手投篮动作，每个动作时间持续 30 秒，一个循环为 1 组，练习 3~5 组。练习演示见二维码视频 8-15。

视频 8-15

8.4 教学评价

8.4.1 1 分钟折返投篮

评价方法与三分球的练习二相同。对投篮动作的规范性、出手的次数、投进的个数 3 个指标进行评价。表 8-1 可用于练习者的阶段性自评，也可用于执教者对练习者的阶段性评价。主要目的是帮助练习者通过对比每个阶段的评价表看到自己的进步和不足之处。

表 8-1　八级测试教学评价表

	得分									
评价指标	1	2	3	4	5	6	7	8	9	10
投篮动作的规范性										
出手的次数										
投进的个数										

8.4.2 运动技能八级测试

主要根据《青少年篮球运动技能等级标准与测试方法》进行测试，3 分球投篮换成接球行进间投篮，高、低手不限。

第九章　九级测试

9.1 技术内容分析

9.1.1 九级测试的基本技术

九级测试是一至八级所有核心技术的分解和组合，即投篮、运球、传球、突破、篮板球及上述技术组合运用时的转换技术动作等。九级的投篮方式包括：三分球、行进间投篮和跳投。虽然九级测试没有新的学习内容，但基本技术的重新组合和对完成技术动作的更高要求，使九级测试的难度也变得更高。长传球的要求是接球后直接长传，不允许运球。运球突破要求变向动作不可以选择体前变向突破，可采用背后变向、胯下变向、后转身变向等任意一种变向运球突破。持球突破动作可以选择交叉步或者顺步，但只能运一次球就要完成中距离急停跳投。

九级测试所涉及的技术内容有三分球、长传球、接球行进间投篮、运球突破、持球突破和跳投。

易犯错误

如二维码视频 9-1 中所示，为三分球踩线。

视频 9-1

9.2 篮球训练中的素质教育

9.2.1 场地器材礼仪

任何一项体育运动都有专用的场地和器材，面对这些看似没有生命的东西，我们仍然需要爱护，因为场地和器材也是这项运动的一部分。场地、器材礼仪有两个方面，场地要符合标准，灯光亮度要合适，相关器材要符合篮球比赛要求，音响等辅助设备使用要合理。同时，我们在使用场地、器材的时候也应该遵循使用要求，避免违规使用。

9.2.2 L&L：Love、Life（热爱生活）

我不高大，甚至很矮，也没有最好的运动素质，但我会玩命地扑向篮球，因为我爱篮球。

——查克·海耶斯

爱，不知从何而起，但当有所发觉时早已难以割舍。我想这是每一个热爱篮球的人都会有的体验。如果爱，请深爱，如果不爱，尝试打场球吧！也许你会发现又一个自己。

参与篮球运动带给人们的是生活态度的改变，篮球教会人们如何与他人相处，如何与自己相处。它是一种生活方式，会让你的生命遍布阳光，它会教会你始终以积极的心态去面对生活中的一切，可以失望，但不会绝望。

9.3 教学建议

9.3.1 教学与训练

练习一：三角运球

如图 9-1 所示，在运球过程中始终抬头观察场上情况，运球变向后加速，投篮保持手型稳定、协调用力。练习演示见二维码视频 9-2。

视频 9-2

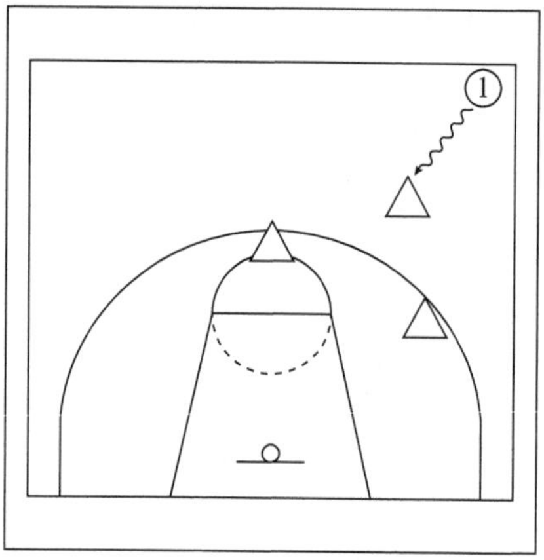

图 9-1　三角运球路线图

视频 9-3

练习二：对角传球

如图 9-2 所示，传球后必须加速冲刺到对角，注意传、接球的连贯性和传球落点的准确性。练习演示见二维码视频 9-3。

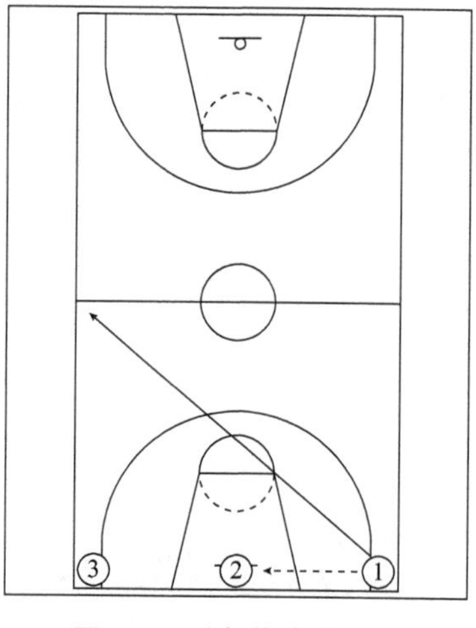

图 9-2　对角传球路线图

视频 9-4

视频 9-5

练习三：运球快攻

依次进行传切上篮（二维码视频 9-4）、接球突破跳投（二维码视频 9-5）练习。如图 9-3 所示，运球队员只能运 2 次球并且在过中场线前传球给快下的队员，保证传球落点恰到好处，接到球后直接上篮，尽量不运球。跳步急停，持球突破。

图 9-3　运球快攻场地示意图

练习四：组合投篮

进行三分球 + 持球突破跳投练习，每一次投篮前都要折返踩中场线；投三分球和持球突破前的跳步急停要依靠核心力量控制好身体重心，投篮时全身协调发力。交叉步和顺步两种持球突破交替练习，练习时中枢脚稳定，突破跳投只能运一次球。三分球和持球突破跳投均进球为 1 对，3 对为 1 组，根据技术掌握情况安排训练量。练习演示见二维码视频 9-6。

视频 9-6

9.3.2 体能训练方法

9.3.2.1 循环训练

• 教学目标：提高手脚协调能力、爆发力、运球力量以及在高强度下投篮的稳定性

• 教学重点：提高小肌肉群的爆发力、核心稳定性以及在有强度的情况下的运球能力和高强度下的投篮命中率

依次进行跳绳（双摇跳）、双手交替大力运球、波比跳、三分球（自投自抢）动作，每个动作持续 30 秒，一个循环为 1 组，建议练习 3 ～ 5 组。练习演示见二维码视频 9-7。

视频 9-7

9.4 教学评价

9.4.1 1分钟投篮

视频 9-8

以1分钟为限，三分球自投自抢。可选择任意点开始三分球，冲抢篮板球之后，在就近的三分线后继续投篮。练习演示见二维码视频9-8。

对投篮动作的规范性、出手的次数、投进的个数3个指标进行评价。表9-1可用于练习者的阶段性自评，也可用于执教者对练习者的阶段性评价。主要目的是帮助练习者通过对比每个阶段的评价表看到自己的进步和不足之处。

表 9-1　九级测试教学评价表

评价指标	得分									
	1	2	3	4	5	6	7	8	9	10
投篮动作的规范性										
出手的次数										
投进的个数										

9.4.2 运动技能九级测试

具体测试内容、测试方法和评价标准请参照《青少年篮球运动技能等级标准与测试方法》。